佛教十三经

维摩诘经

赖永海 主编

高永旺 张仲娟 译注

中华书局

总　序

　　佛教有三藏十二部经、八万四千法门，典籍浩瀚，博大精深，即便是专业研究者，用其一生的精力，恐也难阅尽所有经典。加之，佛典有经律论、大小乘之分，每部佛经又有节译、别译等多种版本，因此，大藏经中所收录的典籍，也不是每一部佛典、每一种译本都非读不可。因此之故，古人有"阅藏知津"一说，意谓阅读佛典，如同过河、走路，要先知道津梁渡口或方向路标，才能顺利抵达彼岸或避免走弯路；否则只好望河兴叹或事倍功半。《佛教十三经》编译的初衷类此。面对浩如烟海的佛教典籍，究竟哪些经典应该先读，哪些论著可后读？哪部佛典是必读，哪种译本可选读？哪些经论最能体现佛教的基本精神，哪些撰述是随机方便说？凡此等等，均不同程度影响着人们读经的效率与效果。为此，我们精心选择了对中国佛教影响最大、最能体现中国佛教基本精神的十三部佛经，认为举凡欲学佛或研究佛教者，均可从"十三经"入手，之后再循序渐进，对整个中国佛教作进一步深入的了解与研究。

　　"佛教十三经"的说法，由来有自。杨仁山、梅吉庆以及中国佛学院都曾选有"佛教十三经"，所选经典大同小异。上述三家都选录的经典有:《金刚经》、《维摩诘经》、《法华经》、《楞伽经》、《楞严经》;被两家选录的经典有:《心经》、《胜鬘经》、《观经》、《无量寿经》、《圆觉经》、《金光明经》、《梵网经》、《坛经》。此外,《四十二章经》、《佛遗教经》、《解深密经》、《八大人觉经》、《大乘密严经》、《地藏菩萨本愿经》、《菩萨十住行道品经》、《大毗卢遮那成佛神变加持经》为一家所选录。本着以上所说的"对中国佛教影响最大、最能体现中国佛教基本精神"的原则,这次我们选择了以下十三部经典:《心经》、《金刚经》、《无量寿经》、《圆觉经》、《梵网经》、《坛经》、《楞严经》、《解深密经》、《维摩诘经》、《楞伽经》、《金光明经》、《法华经》、《四十二章经》。

佛教发展至今已有两千多年的历史,就其历史发展、思想内容说,有大乘、小乘之分。《佛教十三经》所收录之经典,除了《四十二章经》外,多为大乘经典。此中之缘由,盖因佛法之东渐,虽是大小二乘兼传,但是,小乘佛教在传入中国之后,始终成不了气候,且自魏晋以降,更是日趋式微;直到十三世纪以后,才有南传上座部佛教在云南一带的流传,且范围十分有限。与此相反,大乘佛教自传入中土后,先依傍魏晋玄学,后融汇儒家的人性、心性学说而蔚为大宗,成为与儒道二教鼎足而三、对中国社会各个方面产生着巨大影响的一股重要的社会思潮。既然中国佛教的主体在大乘,《佛教十三经》所收录的佛经自然以大乘经典为主。

对于大乘佛教,通常人们又因其思想内容的差异把它分为空、有二宗。空宗的代表性经典是"般若经"。中国所见之般若类经典，以玄奘所译之《大般若经》为最，有六百卷之多。此外还有各类小本"般若经"的编译与流传，其中以《金刚经》与《心经》最具代表性与影响力。

"般若经"的核心思想是"空"。但佛教所说的"空"，非一无所有之"空"，而是以"缘起"说"空"，亦即认为，世间的万事万物，都是条件（"缘"即"条件"）的产物，都会随着条件的变化而变化。条件具备了，它就产生了（"缘起"）；条件不复存在了，它就消亡了（"缘灭"）。世间的一切事物，都不是一成不变的，而是一个念念不住的过程，因此都是没有自性的，无自性故"空"。《金刚经》和《心经》作为般若经的浓缩本，"缘起性空"同样是其核心思想，但二者又进一步从"对外扫相"和"对内破执"两个角度去讲"空"。《金刚经》的"对外扫相"思想集中体现在"一切有为法，如梦幻泡影，如露亦如电，应作如是观"这个偈句上，对内破执则有"应无所住而生其心"这一点睛之笔。《心经》则是以"色不异空，空不异色；色即是空，空即是色；受想行识亦复如是"来对外破五蕴身，以"心无罣碍"来破心执。两部经典都从扫外相、破心着的角度去说"空"。

有宗在否定外境外法的客观性方面与空宗没有分歧，差别仅在于，有宗虽然主张"外境非有"，但又认为"内识非无"，倡"三界唯心"、"万法唯识"，认为一切外境、外法都是"内识"的变现。在印度佛教中，有宗一直比较盛行，但在中国佛教史上，唯有玄奘、窥基创立的"法相唯识宗"全力弘扬"有宗"的思想，并把《解深密经》等"六经十一论"作为立宗的根据，《佛教十三经》选录了对"唯识宗"影响较大的《解深密经》进行注译。

《解深密经》的核心思想在论证一切外境外法与识的关系，认为一切诸法乃识之变现，阿赖耶识是生死轮回的主体，是万物生起的种子。经中还提出了著名的"三性"、"三无性"问题，并深入地论述了一切虚妄分别相与真如实性的关系。

与印度佛教不尽相同，中国佛教的主流或主体不在纯粹的"空宗"或"有宗"，而在大乘佛教基本精神与中国传统文化（特别是儒家心性学说）汇集交融而成的"真常唯心"思想，这种"真常唯心"思想也可称之为"妙有"的思想。首先创立并弘扬这种"妙有"思想的是智者大师创建的天台宗。

天台宗把《法华经》作为立宗的经典依据，故又称"法华宗"。《法华经》的核心思想，是"开权显实，会三归一"，倡声闻乘、缘觉乘、菩萨乘同归一佛乘，主张一切众生悉有佛性。《法华经》是南北朝之后，中国佛教走向以大乘佛教为主流的重要经典依据，也是中国佛教佛性理论确立以一切众生悉有佛性、都能成佛为主流的重要经典依据。而《法华经》的"诸法实相"也成为中国佛教"妙有"思想的重要思想资源和理论依据。

中国佛教注重"妙有"之思想特色的真正确立，当在禅宗。慧能南宗把天台宗肇端的"唯心"倾向推到极致，作为标志，则是《坛经》的问世。《坛经》是中国僧人撰写的著述中唯一被冠以"经"的一部佛教典籍，其核心思想是"即心即佛"、"顿悟成佛"。《坛经》在把佛性归诸心性、把人变成佛的同时，倡导"即世间求解脱"，主张把入世与出世统一起来，而这种思想的经典根据，则是《维摩诘经》。

《维摩诘经》可以说是对中国佛教影响最大的一部佛经，

不论是作为中国佛教代表的禅宗，还是成为现、当代佛教主流的人间佛教，《维摩诘经》中的"心净则佛土净"及"亦入世亦出世"、"在入世中出世"的思想，都是其最为重要的思想资源和理论依据。尤其值得一提的是，贯穿于整部《维摩诘经》的一根主线——"不二法门"，更是整个中国佛教的本体论和方法论依据。

《楞伽经》也是一部对禅宗、唯识乃至整个中国佛教有着重大影响的佛经。《楞伽经》思想有两个重要特点，一是融汇了空、有二宗，既注重"二无我"，又讲"八识"、"三自性"；二是把"如来藏"和"阿赖耶识"巧妙地统合起来。因此之故，《楞伽经》既是"法相唯识宗"借以立宗的"六经"之一，又被菩提达摩作为"印心"的依据，并形成一代楞伽师和在禅宗发展史颇具影响的"楞伽禅"。

《楞严经》则是一部对中国佛教之禅、净、律、密、教都有着广泛而深刻影响的大乘经典。该经虽有真、伪之争，但内容十分宏富，思想体系严密，几乎把大乘佛教所有重要理论都囊括其中，故自问世后，就广泛流行。该经以理、行、果为框架，谓一切众生都有"菩提妙明元心"，但因不明自心清净，故流转生死，如能修禅证道，即可成就无上正等正觉。这一思想对中国佛教的各宗各派都产生了极其深刻的影响。

《圆觉经》是一部非常能够体现中国佛教注重"妙有"思想特色的佛经。该经主张一切众生都具足圆觉妙心，本当成佛，无奈为妄念、情欲等所覆盖，才于六道中生死轮回；如能顿悟自心本来清净，此心即佛，无须向外四处寻求。该经所明为大乘圆顿之理，故对华严宗、天台宗、禅宗都有十分重要的影响。

《金光明经》对中国佛教的影响，主要体现在其"三身"、"十地"思想、大乘菩萨行之舍己利他、慈悲济世思想、金光明忏法及忏悔思想、以及天王护国思想。由于经中所说的诵持本经能够带来不可思议的护国利民功德，故长期以来被视为护国之经，在所有大乘佛教流行的地区都受到了广泛重视。

《无量寿经》是根据"十方净土"的思想建立起来的净土类经典，也是净土宗所依据的"三经"之一。经中主要叙述过去世法藏菩萨历劫修行成无量寿佛的经过，及西方极乐世界的种种殊胜。净土信仰自宋之后就成为与禅并驾齐驱的两大佛教思潮之一，到近现代更出现"家家阿弥陀，户户观世音"景象，故《无量寿经》在中国佛教史上的影响至为广泛和深远。

《梵网经》在佛教"三藏"中属"律藏"，是大乘戒律之一，在中国佛教大乘戒律中，《梵网经》的影响最大。经中主要讲述修菩萨的阶位（发趣十心、长养十心、金刚十心和体性十地）和菩萨戒律（十重戒和四十八轻戒），是修习大乘菩萨行所依持的主要戒律。另外，经中把"孝"与"戒"相融通、"孝名为戒"的思想颇富中国特色。

所以把《四十二章经》也收入《佛教十三经》，主要因为该经是我国最早译出的佛教经典，而且是一部含有较多早期佛教思想的佛经。经中主要阐明人生无常等佛教基本教义和讲述修习佛道应远离诸欲、弃恶修善及注重心证等重要义理，且文字平易简明，可视为修习佛教之入门书。

近几十年来，中国佛教作为中国传统文化的重要组成部分，以其特殊的文化、社会价值逐渐为人们所认识，研究佛教者也日渐增多。而要了解和研究佛教，首先得研读佛典。然而，佛教名相繁复，义理艰深，文字又晦涩难懂，即便有相当文史基础和哲学素养者，读来也颇感费力。为了便于佛学爱好者、研究者的阅读和把握经中之思想义理，我们对所选录的十三部佛典进行了如下的诠释、注译工作：一是在每部佛经之首均置一"前言"，简要介绍该经之版本源流、内容结构、核心思想及其历史价值；二是在每一品目之前，都撰写了一个"题解"，对该品目之内容大要和主题思想进行简明扼要的提炼和揭示；三是对原文中出现的佛教术语、佛教人物等专名词以及难认难理解的字词出注，以辅助理解经文；四是采取义译与意译相结合的原则，对所选译的经文进行现代汉语的译述。这样做的目的，是希望它对原典的阅读和义理的把握能有所助益。当然，这种做法按佛门的说法，多少带有"方便设施"的性质，但愿它能成为"渡海之舟筏"，而不至于沦为"忘月之手指"。

赖永海
庚寅年春于南京大学

前　言

　　《维摩诘经》是大乘佛教的权威性经典,思想内容极为丰富,被誉为"大乘佛教文献宝冠之珠",在印度佛教和中国佛教中都占有极为重要的地位。自其问世以来,倾倒了无数高僧大德、名士清流。在印度佛教经典中,《维摩诘经》被广泛引用,其大乘教义得到最大限度的发挥;传入中国后,立即受到中国僧俗各界的推崇、喜爱,对中国的佛教、哲学、文学、艺术等产生了巨大而深远的影响。

一　《维摩诘经》的书名与内容

　　《维摩诘经》全称《维摩诘所说经》,亦名《维摩诘说不思议法门经》、《不可思议解脱经》、《佛说维摩诘经》、《说无垢称经》等。

　　本经的主人公为维摩诘居士,故名《维摩诘经》。维摩诘为梵语音译,意译为"净名"、"无垢称",此指维摩诘"晦迹五欲,超然无染,清名遐布",故《维摩诘经》又名《说无垢称经》、《无垢称经》。维摩诘是居住在毗耶离城的一位在家大菩萨,相传是金粟如来的化身,自东方妙喜国化生于此,以居士身份辅助佛陀摄化群生。《维摩诘经》描述了维摩诘为教化众生,方便示疾,从而说不可思议法、行不可思议教、令众生发不可思议心、成就众生不可思议解脱,其中所讲的内容微远幽深,穷理尽化,非小乘智力所测,非常人可思、可议,亦非世俗言语可以表述,故又名《不可思议解脱经》。维摩诘虽"深植善本","久于佛道","得无生忍,契入不二平等",然为方便示教,饶益众生,广泛深入社会各个阶层,以其实际行为展示了大乘菩萨不乐涅槃、不离世间的慈悲精神。

《维摩诘经》是一部融摄空有,会通性相,贯通般若、瑜伽、涅槃、华严、法华等佛法诸门的大乘经典,思想内容极为丰富。最有特色之处表现在以下几个方面:

(1)不二法门

"不二法门"是贯穿本经的理论核心,本经所宣讲的大乘佛教法门皆依不二法门而建立。所谓"不二"或"不二法"即真如实相,一实之理,如如平等,而无彼此之别,因而,菩萨悟入此一实平等之理,即超越相对之差别,而入于绝对平等之境界,这就是入不二法门。因此,从宗教哲学的角度看,"不二法门"既是佛教的本体论,也是认识论、修行论和方法论。为了强调不二法门的重要性,《维摩诘经》特设一品以示彰显。实际上,《维摩诘经》对不二法门的理解与陈述散见于全经多处,特别是《见阿閦佛品》中维摩诘对实相、法身的表述则最集中体现了其对不二法门的理解。

（2）净土思想

《维摩诘经》的净土思想包括"器世间净土"与"唯心净土"两大类。《维摩诘经》凡有三会，分别说三种器世间净土，一是庵罗树园释迦牟尼佛神力所显现的释迦清净佛土，二是维摩诘居室中维摩诘所示现的香积净土，三是维摩诘以神力断取的妙喜世界。"唯心净土"是大乘佛教的一个基本思想，也是《维摩诘经》最重要、最具特色的思想之一。《维摩诘经》以"心净则佛土净"为不思议解脱的张本，确立了心净则行净，行净则众生净，众生净则佛土净的逻辑思维进路，对中国传统佛教乃至现当代人间佛教的影响也最大。《维摩诘经》虽然演说种种不同的净土，但落实到宗教实践上，则都是济世教化的大乘菩萨行。

（3）世间性空即是出世间

长期以来，人们强调佛教本质上是一种出世的宗教，是以超脱轮回、解脱成佛为目的；入世只是为达到出世解脱而实施的方便法门。《维摩诘经》认为，世间性空即是出世间，世间与出世间在本质上是不二的，二者并非事物的一体两面，而是即体即用，体用一如，圆融无碍。无论提倡出世还是注重入世都是达到解脱的方便法门，它们互为手段、互为目的、互为因果。因此，入世不只是达到出世的手段，入世本身也是目的。本经的入世精神主要表现在：一是发心即出家；二是一切即道场，菩萨所行处，无非道场；三是非道即佛道，"若菩萨行于非道，是为通达佛道"；四是一切烦恼皆是佛种。维摩诘本身就是一个为化度众生而深入世间的大悲菩萨，以其实际行为展示了大乘菩萨不乐涅槃、不离世间的慈悲精神。这种既出世又入世的菩萨精神,对整个中国佛教产生了极其深刻的影响。

二 《维摩诘经》的译本、译者与注疏

作为一部大乘佛教的重要经典,《维摩诘经》在中国佛教史上一直备受关注,自严佛调首译之后,又被多次重译。至于注释疏证,更是代不绝人。下面对《维摩诘经》的译本、作者及历代注疏作一简要介绍。

(一)译本

据有关资料记载,自汉以来,凡有七译,三存四阙。

1. 东汉严佛调译,《古维摩诘经》二卷,今佚。东汉灵帝中平五年(188),严佛调在洛阳译出。

2. 吴支谦译,《维摩诘经》二卷或三卷,今存。公元223年至建兴年间,于武昌译出。

3. 西晋竺叔兰译,《异维摩诘经》三卷,今佚。此经译出时间有两种说法:一是晋惠帝元康元年,即公元291年;一是元康六年,即公元296年。

4. 西晋竺法护译,《维摩诘所说法门经》二卷或一卷,今佚。西晋惠帝太安二年(303)于长安译出。

5. 东晋抵多蜜译,《维摩诘经》四卷,今佚。抵多蜜为西域沙门,生卒不详,译时不详。

6. 后秦鸠摩罗什译,《维摩诘所说经》三卷,今存。公元406年,于长安大兴善寺译出。

7. 唐玄奘译,《说无垢称经》六卷,今存。唐贞观年间

（627—649），于长安大慈恩寺译出。一说为唐高宗永徽元年（650）。

现存的支谦、罗什、玄奘三种译本，各有特色。支谦本译出时间较早，文字最为简古质朴，带有明显的"格义"色彩，在罗什本译出之前影响颇大；罗什本文笔顺畅、流传最广，后人讲解注疏，多据罗什本；玄奘本则最为缜密、精确。当然，也可能是他们所据梵文本不同。据经文勘校与思想梳理，此三种译本之间在义理上并无轩轾，然尤以罗什本的创造性和体系性为最，因此，罗什本的盛行也不仅仅是文风的问题。以上三译，均收于《大正藏》第十四册。

（二）译者

支谦，名越，字恭明，大月氏人，三国时期著名的佛经翻译家。其祖父于东汉灵帝时迁入，支谦一同前来。他自幼学习中外典籍，精通六种语言，曾受业于大乘学者支娄迦谶的弟子、同族学者支亮，精通大乘佛教理论，与支娄迦谶、亮并称为"三支"。东汉末年，支谦避乱迁居东吴，吴主孙权拜其为博士，辅助太子孙亮。从吴黄武元年至建兴年中（222—253）三十年余间，支谦潜心从事佛典翻译事业，翻译出《阿弥陀经》、《维摩诘经》等大量的佛教经典（有三十部、三十六部、四十九部、八十八部、一百二十九部等多种说法）。鸠摩罗什翻译《维摩诘经》时，曾参考引用支谦的译本。

鸠摩罗什（343—413），意译为"童寿"，原籍天竺，出生于西域龟兹国（今新疆库车、新雅县之间），其祖上为婆罗门。罗什自幼聪敏，于七岁随他的母亲一同出家，游学天竺，遍访名师，博闻强记，辩才无碍，誉满五印。后来，龟兹王亲自来迎他回归故国，奉为国师。前秦符坚闻其德，于建元十八年（382）遣将吕光率兵迎之。吕光于建元二十年（384）陷龟兹，遂迎罗什。然于途中闻符坚被杀，遂割据凉州，自立为凉王。罗什于是随吕光至凉州。后来姚苌称帝长安，建立后秦，慕罗什高名，诚心邀请，而吕光父子忌妒他智谋过人，才华出众，不肯放他东行。罗什羁留凉州达十六、七年之久，无法弘传佛法。到了姚兴嗣位，于弘始三年（401）出兵西攻凉州，凉主吕隆兵败投降，罗什才被迎入关，东至长安，这时他已经五十八岁了。姚兴对罗什十分敬重，待以国师之礼。宗室显贵都信奉佛法，尽力维护，公卿以下莫不归心。罗什居于逍遥园，与僧肇、僧严等从事译经工作。姚兴使沙门八百余人前往受学，协助译经，自己也常亲临听讲，参与校译。罗什是中国佛教史上"四大译经家"（鸠摩罗什、真谛、玄奘、不空或义净）之一，共译有七十四部，三百八十四卷（一说三十五部，二百九十四卷）佛教经籍，他所译的主要是般若类经典及阐扬缘起性空思想的《中论》、《百论》、《十二门论》等中观学派著作，第一次有系统地介绍了根据般若经类而成立的大乘性空缘起之学。在译经的文体上，他凭借扎实的中文基础，一改过去朴拙的古风，使所译佛经内容卓拔、明白流畅、优雅可读，且对于后来的佛教文学产生了一定的影响。

玄奘，唐代高僧，俗姓陈，名祎，洛州缑氏县（今河南偃师）人，中国佛教法相唯识宗的创始人。据说，玄奘的译本最忠实于原典，在《维摩诘经》中很少见到唯识宗语汇与理论痕迹。玄奘还有虔诚的维摩诘信仰，《续高僧传》说他："年十一诵《维摩》、

《法华》，东都恒度便预其次。自尔卓然梗正，不偶朋流。"玄奘到了印度后，曾亲自礼拜维摩诘说法处。回到长安后，玄奘重新翻译了《维摩诘经》。玄奘翻译此经，贯彻了他一贯的翻译原则，寻求全本、忠于原典，立"五种不翻"："一、秘密故，如陀罗尼；二、多义故，如'薄伽梵'具六义；三、此无故，如阎净树，中夏实无此木；四、顺古故，如阿耨菩提，非不可翻，而摩腾以来常存梵音；五、生善故，如'般若'尊重，智慧轻浅。"（法云编《翻译名义集》卷一）《说无垢称经》在文句上不作任何删节，其语句、结构、风格非常接近梵文，较之前人更加完备。

（三）注疏

《维摩诘经》在印度就受到了广泛的重视，众多大乘经论对其大加称引，《大智度论》、《释摩诃衍论》、《入大乘论》、《弥勒菩萨所问经论》、《广释菩提心论》等印度佛教典籍中，常常见到《维摩诘经》的身影。许多著名高僧都对它作过注疏，玄奘西行就带回来约公元6世纪印度瑜伽行派著名论师护法和南印度大乘佛教中观学派大论师清辨对《维摩诘经》的疏解。自《维摩诘经》在中土译出之后，许多颇具影响的高僧大德对其进行讲解和注疏，如罗什、僧肇、竺道生、（隋）慧远、吉藏、智颛、窥基等。《维摩诘经》的注疏，现存约三十余种，仅次于《金刚经》的注疏本，具有代表性的列举如下：

1.《注维摩诘经》十卷，后秦僧肇、罗什、道生等撰，收于《大正藏》第三十八册。此书是我国最早注解《维摩诘经》的著作，又因其对经文逐句注解，详加阐释，发挥玄旨，因而流传极为广泛，影响极大。同时，又因该书汇集了僧肇、罗什、道生等高僧对《维摩诘经》的理解，所以也是后世学者研究他们思想的重要典籍。

2.《维摩义记》四卷，每卷分本末二卷，亦作八卷，隋慧远撰，收于《大正藏》第三十八册。此书判《维摩诘经》为菩萨藏顿教之法，极为推崇。该书对《维摩诘经》的每一部分经义，先论宗旨，予以科判，再随句注解，因此该书对义理、事解都阐释得非常详尽。天台僧人可透赞之为"关中（僧肇等）、嘉祥（吉藏）不得抗衡"之作。智顗注疏此经也多采用慧远的《维摩义记》。

3.《维摩经玄疏》六卷，天台智顗撰，收于《大正藏》第三十八册。此书是智顗大师按天台宗"五重玄义"的释经定规来诠释《维摩诘经》之玄旨。本书与智顗大师的《维摩经文疏》为天台宗注解《维摩诘经》的代表性著作。

4.《维摩经略疏》十卷，天台智顗撰，湛然略，收于《大正藏》第三十八册。《维摩经略疏》是天台九祖湛然对智顗所撰《维摩经文疏》的整理删略而成。《维摩经文疏》为智顗应隋炀帝杨广之请所作，凡28卷，约36万余字，虽事理两圆，而不无繁广。湛然弊其文多，遂删略此书而成《维摩经略疏》。

5.《维摩经略疏垂裕记》十卷，宋代智圆述，收于《大正藏》第三十八册。

6.《净名玄论》八卷，吉藏撰，收于《大正藏》第三十八册。

7.《维摩经义疏》六卷，吉藏撰，收于《大正藏》第三十八册。

8.《说无垢称经疏》六卷，窥基撰，收于《大正藏》第三十八册。此书是窥基对玄奘所译《说无垢称经》的注释，也是唯一一本对玄奘译本的注释本。该书不可避免地带有浓厚的唯识学倾向，并对罗什译本提出诸多批判，但观点大多不成立。

此外，《维摩诘经》的注释本，还有以下几种：

《净名经集解关中疏》二卷，道液撰，收于《大正藏》第八十五册。

《净名经关中释抄》二卷，道液撰，收于《大正藏》第八十五册。

《维摩经文疏》二十八卷，又称《维摩罗诘经文疏》，智颛撰，收于《续藏经》第十八册。

《维摩经疏记》三卷，天台亮润撰，收于《续藏经》第十八册。

《维摩经略疏》五卷，吉藏撰，收于《续藏经》第十九册。

《维摩经疏记钞》二卷，道暹撰，收于《续藏经》第十九册。

《维摩经评注》十四卷，明代杨起元撰，收于《续藏经》第十九册。

《维摩经无我疏》十二卷，明代天台传灯撰，收于《续藏经》第十九册。

历代佛学巨擘对《维摩诘经》的解读、研究、诠释与创发，由此而汇成一股波澜壮阔、历时久远的《维摩诘经》思想潮流，并对中国佛教产生了极其广泛和深刻的影响。这种思潮，我们不妨称之为"维摩经学"。

三 《维摩诘经》结构

现存《维摩诘经》的三个译本,均分为十四品,各品译名大同小异,依《大正藏》列三译品目如下:

品目	支谦本	鸠摩罗什本	玄奘本
第一	佛国品	佛国品	序品
第二	善权品	方便品	显不可思议方便善巧品
第三	弟子品	弟子品	声闻品
第四	菩萨品	菩萨品	菩萨品
第五	诸法言品	文殊师利问疾品	问疾品
第六	不思议品	不思议品	不思议品
第七	观人物品	观众生品	观有情品
第八	如来种品	佛道品	菩提分品
第九	不二入品	入不二法门品	不二法门品
第十	香积佛品	香积佛品	香台佛品
第十一	菩萨行品	菩萨行品	菩萨行品
第十二	见阿閦佛品	见阿閦佛品	观如来品
第十三	法供养品	法供养品	法供养品
第十四	嘱累弥勒品	嘱累品	嘱累品

从篇章结构说,本经可分为序分、正宗分和流通分三大部分。欧阳竟无对该经的科判如下:

缘起分								《佛国品第一》
正宗分	境	利他	能利	密权	总叙			《方便品第二》
					别叙	昔权	化小	《弟子品第三》
							化大	《菩萨品第四》
						今权		《问疾品第五》
				显权				《不思议品第六》
			所利					《观众生品第七》
		自利	世俗事					《佛道品第八》
			出世理					《入不二法门品第九》
		总二利						《香积佛品第十》
	行							《菩萨行品第十一》
	果							《见阿閦佛品第十二》
流通分	赞叹							《法供养品第十三》
	付授							《嘱累品第十四》

（选自《藏要》第二辑）

四 《维摩诘经》的思想价值

从某种意义上说,《维摩诘经》是一部对整个中国佛教,乃至中国文化影响极大的佛教经典,特别是对中国化色彩较浓的佛教宗派（如天台、禅宗）和中国文学的影响更是极为深刻。

《维摩诘经》传入中国之初,就受到了中土人士的普遍喜爱与重视,立即对社会各界产生极大的影响。魏晋玄学的产生正是受到《维摩诘经》之类的般若学的影响。对文学的影响也是显而易见的。负才傲俗的谢灵运作《维摩诘十譬赞》，极为推崇该经；王维以"维"为名，以"摩诘"为字，其诗多有维摩之意境，有"名字本皆是，此心还不知"之句；李白的诗句"金粟如来是后身"，在历史上也颇负盛名；白居易、苏轼、王安石、袁宏道乃至龚自珍等历代无数文士皆有相关诗文传世。现代佛教学者和文学研究者已有多部关于《维摩诘经》文学方面的研究专著。

当然，中国佛教内部也极为重视该经。南北朝时期的般若学、涅槃学派、地论学派以及隋唐以后天台、三论、法相、华严诸宗都十分崇奉《维摩诘经》，各宗领袖都结合宗义，写下了不少有关《维摩诘经》的注疏。被尊为秦人"解空第一"的僧肇便是受其影响而出家的。据《高僧传》记载，僧肇少年家贫以佣书为业，遂得历观经籍，亦爱好老、庄，但认为《道德经》"美则美矣，然栖神冥累之方，犹未尽善"，后来看到旧译《维摩诘经》，披寻玩味，始知所归，因而出家。僧肇后从鸠摩罗什重译《维摩诘经》，阐发般若学之奥旨，作《般若无知论》，并著《注维摩诘经》十卷。僧肇的《注维摩诘经》是研究僧肇思想的重要资料。

被汤用彤先生誉为"齐隋之间，推为泰斗"的净影慧远非常推崇《维摩诘经》。公元 577 年，北周武帝攻灭北齐，旋即宣布废除齐地佛教，惟慧远抗声争辩，后潜居汲郡西山，研诵《法华》、《维摩》等经，以期佛法不废，可见《维摩诘经》在慧远心目中的地位。慧远著《维摩义记》四卷，发挥《维摩诘经》之奥旨，显示地论宗"阿赖耶真识说"之特色，该书字句精妙，文理清晰，思想深湛，堪称一部小型佛教百科全书，对华严宗影响极大。

天台宗是第一个中国化佛教宗派，也是最具创造性和思辨性的佛教宗派。天台宗的理论核心即是一念心。所谓的"一念心",即"一念无明法性心"。具有以下特点:一是此心即法性;二是此心包含色、心二义,"具一切因缘所生法";三是此心具无明与法性,无明与法性同体相即,故称"一念无明法性心"。无明与法性同体相即,便是天台有名的"性具善恶"说。天台宗的这种观点,直接来源于《维摩诘经》的"唯心净土"和"如来种"等思想。所以,天台宗人及后世学者常常将《维摩诘经》置于和《法华经》同等重要的地位。天台智顗曾为该经作了两本有名的注疏,《维摩经玄疏》六卷与《维摩经文疏》二十八卷。《维摩诘经》对该宗的重要性可见一斑。

作为中国佛教代表,禅宗与《维摩诘经》的关系尤为特殊。《维摩诘经》的"文殊无言,净名杜口"是禅宗以心传心、不立文字的经典依据,其"心净则佛土净"的唯心净土思想更是禅宗"直指人心,见性成佛"的思想之源。

中国禅宗初祖达摩在《悟性论》中已经语及"直指人心,见性成佛,教外别传,不立文字",其"二入四行"中的"称法行"更是直接引自《维摩诘经》:"性净之理,因之为法。此理众相斯空,无染无着,无此无彼。经云:'法无众生,离众生垢故;法无有我,离我垢故。'智若能信解此理。应当称法而行。"(《佛祖历代通载》卷九)此处的"经"即指《维摩诘经》。禅宗二祖慧可发展了达摩的禅学思想,把"无所得"作为最高宗旨,消除世间和出世间的一切差别,"无明智慧等无异,当知万法即皆如","观身与佛不差别",把无明与智慧、烦恼与涅槃、众生与佛等量齐观,统一于本体论意义的"真如"、"实相"、"如来藏",体现了

《维摩诘经》的不二法门、一切皆如的大乘佛教思想。

四祖道信提出"佛即是心","是心是佛",众生心本来是佛，"见佛性者，永离生死，名出世人。是故《维摩诘经》云：豁然还得本心"（《楞伽师资记》卷一）。如果能做到坐禅观心，豁然还得本心，也就见性成佛了。除了静坐观心，道信也提倡："身心方寸，举足下足，常在道场，施为举动，皆是菩提。"（《楞伽师资记》卷一）这就把动静结合起来，走向了"动静不二"，实际上还没有跳出《维摩诘经》的思想内容。

五祖弘忍继承达摩以来的禅法，提出"守心"的禅法，认为一切众生本具不生不灭的清净之心，通过"守心"达到觉悟解脱。此不生不灭之心，即："《维摩经》云：'无自性，无他性；法本不生，今则无灭。'"守持此恒常清净之心，自然证悟解脱。与他的老师一样，弘忍也不把修行仅仅局限于静坐，"四仪皆是道场，三业咸为佛事；盖静乱之无二，乃语默之恒一"。行、住、坐、卧皆是道场，身、口、意的活动都是佛事。弘忍强调动静不二、语默不二，可见他受《维摩诘经》的影响是显而易见的。

由上可知，历代禅宗祖师对《维摩诘经》尊崇程度以及《维摩诘经》对他们的影响。然而，在他们那里，《维摩诘经》尚未提高到最重要的地位。到了慧能，情况发生了重要转变，《维摩诘经》成了慧能最为尊奉的佛教经典。基于《维摩诘经》的思想要义，慧能形成了"即心即佛"的心性论、顿悟成佛的修行论和"不离世间觉"的出世即入世的思想和方法等等。慧能《坛经》中引用《维摩诘经》的名言有七处：其一，"佛法是不二之法"（《行由品》）。其二，"《净名经》云：'即时豁然，还得本心。'"（《般若品》）其三，"所以佛言：随其心净，即佛土净"（《疑问品》）。
其四，"《净名经》云：'直心是道场，直心是净土。'"其五，"只
如舍利弗宴坐林中，却被维摩诘诃"。其六，"故经云：'能善分
别诸法相，于第一义而不动。'"其七，"无住为本"。（以上《定
慧品》）这些内容基本涵盖了慧能佛学思想的全部要点，这不仅
说明了慧能对《维摩诘经》推崇程度，同时也彰显了《维摩诘经》
对六祖革命的重要性，从而使之成为"六祖革命"的经典依据，
也因而奠定了其无可撼动的宗经地位。后期禅宗沿着《维摩诘
经》与慧能的思想理路，很自然产生了"平常心是道"、"出世即入
世"、"无证无修"等思想。

　　《维摩诘经》积极提倡大乘佛教慈悲普度、济世利他的入世
精神，从而确立了佛教深入世间的基本方向，对近现代人间佛教
的蓬勃开展，产生了极为深远的影响，也因此成为人间佛教理论
建构与实践导向的重要经典依据。例如，太虚大师从佛教经典
中探寻人间佛教的理论根据，尤为重视《维摩诘经》，对创造净
土尤为发挥，强调自力创造，发挥其入世精神，致力于现实世界
的改造，并作《维摩诘经讲义》、《维摩诘经别记》等。印顺法师
则认为："大乘的入世精神，应如《维摩诘经》……那样，普入
各阶层"（《佛在人间》）。圣严法师的"心灵环保"更是直接源
自《维摩诘经》的"心净则佛土净"。以上种种，不仅充分说明了
《维摩诘经》历久弥新的思想价值，同样也展示了其强烈的现实
意义。

目 录————————————————————

卷　上

佛国品第一

本品记述释迦牟尼佛在毗耶离城外的庵罗树园与众集会，长者子宝积说偈赞佛并请佛为与会大众"说诸菩萨净土之行"，以此揭开了本次法会之序幕。本品论述了佛土的清净与否，完全取决于菩萨心之净与不净，并把"心净则佛土净"与"成就众生"统一起来，指出"众生之类，是菩萨佛土"，阐扬了菩萨取净土的目的是为了饶益众生，成就众生，使众生"起菩萨根"，"入佛智慧"，这就是建立佛国净土的基本内涵和"心净则佛土净"的终极旨归。

如是我闻①：一时②，佛在毗耶离庵罗树园③，与大比丘众④，八千人俱。菩萨三万二千⑤，众所知识⑥，大智本行⑦，皆悉成就，诸佛威神之所建立。为护法城，受持正法；能师子吼⑧，名闻十方；众人不请，友而安之；绍隆三宝⑨，能使不绝；降伏魔怨⑩，制诸外道⑪；悉已清净，永离盖缠⑫；心常安住，无碍解脱⑬；念定总持⑭，辩才不断；布施、持戒、忍辱、精进、禅定、智慧⑮，及方便力⑯，无不具足；逮无所得，不起法忍⑰；已能随顺，转不退轮⑱；善解法相⑲，知众生根；盖诸大众，得无所畏⑳；功德智慧，以修其心；相好严身，色像第一；舍诸世间，所有饰好；名称高远，逾于须弥㉑；深信坚固，犹若金刚㉒；法宝普照，而雨甘露；于众言音，微妙第一；深入缘起㉓，断诸邪见；有无二边㉔，无复余习；演法无畏，犹师子吼；其所讲说，乃如雷震；无有量，已过量㉕；集众法宝，如海导师。了达诸法深妙之义，善知众生往来所趣，及心所行㉖，近无等等佛自在慧、十力、无畏、十八不共㉗；关闭一切诸恶趣门㉘，而生五道以现其身㉙，为大医王㉚，善疗众病，应病与药，令得服行；无量功德皆成就，无量佛土皆严净㉛；其见闻者，无不蒙益，诸有所作，亦不唐捐㉜。如是一切功德，皆悉具足。

其名曰：等观菩萨、不等观菩萨、等不等观菩萨、定自在王菩萨、法自在王菩萨、法相菩萨、光相菩萨、光严菩萨、大严菩萨、宝积菩萨、辩积菩萨、宝手菩萨、宝印手菩萨、常举手菩萨、常下手菩萨、常惨菩萨、喜根菩萨、喜王菩萨、辩音菩萨、虚空藏菩萨、执宝炬菩萨、宝勇菩萨、宝见菩萨、帝网菩萨、明网菩萨、无缘观菩萨、慧积菩萨、宝胜菩萨、天王菩萨、坏魔菩萨、电德菩萨、自在王菩萨、功德相严菩萨、师子吼菩萨、雷音菩萨、山相击音菩萨、香象菩萨、白香象菩萨、常精进菩萨、不休息菩萨、妙生菩萨、华严菩萨、观世音菩萨、得大势菩萨、梵网菩萨、宝杖菩萨、无胜菩萨、严土菩萨、金髻菩萨、珠髻菩萨、弥勒菩萨、文殊师利法王子菩萨，如是等三万二千人。复有万梵天王尸弃等㉝，从余四天下来诣佛所㉞，而为听法。

复有万二千天帝,亦从余四天下,来在会坐。并余大威力诸天、龙神、夜叉、乾闼婆、阿修罗、迦楼罗、紧那罗、摩睺罗伽等^㉟,悉来会坐。诸比丘、比丘尼、优婆塞、优婆夷^㊱,俱来会坐。

注释:

①如是我闻:佛经开卷语,表信顺,意为这是我亲自听佛说的。僧肇《注维摩诘经》卷一:"如是,信顺辞。夫信则言之理顺,顺则师资之道成;经无丰约,非信不传。"我,是阿难自称。此为方便义,别有究竟义说。

②一时:指佛陀说法之时,不确指具体时间,"不论长短假实,说此经竟,总谓为一时"。智顗认为此经属于方等时,为佛陀成道之后第十三年至第二十年之间所说。吉藏认为此经是佛成道之后第二十六年或第三十年所说。

③佛:指释迦牟尼佛。毗耶离:梵语音译,又作"毗舍离"、"吠舍厘"、"奢隶夜城"等,意译为"广严",为古代印度大城,亦是释迦弘法的重镇之一。今称"毗萨尔",位于恒河北岸,干达克河以东。庵罗树园:亦作"庵罗园"、"庵没罗林"、"庵婆梨园"、"庵婆罗园"等,为庵没罗女献给佛陀的园林,后为佛陀经常讲经说法的处所。庵没罗女为摩揭陀国频婆娑罗王之妃,生耆婆。

④比丘:梵语,指出家修行的成年男子,意含"乞士"、"破烦恼"、"净持戒"、"能怖魔"四义。在佛典翻译中,若汉语中没有与之相应的语汇,则一般都径取梵音。大比丘,一般指大阿罗

汉,本品末则说:"八千比丘,不受诸法,漏尽意解。"

⑤菩萨:梵语之简译,全译为"菩提萨埵",意为"觉有情"、"道众生",指上求菩提、下化众生的大乘众。菩提,佛道名,为"觉"、"智"、"道"之义。萨埵,指"有情"、"众生"。

⑥知识:认识、熟知。"知识"原为朋友之异称,此处是众菩萨为广大众生所熟知。僧肇《注维摩诘经》卷一:"大士处世,犹日月之经天;有目之士,谁不知识?"

⑦大智:广大之智慧,通达一切之事理,又称为"一切种智"、"佛智"。智有三种:"一切智"、"道种智"、"一切种智"。"一切智"是指了知一切诸法空相的智慧,为声闻、缘觉所具有;"道种智"是指了知一切诸法种种差别假相的智慧,为菩萨所具有;"一切种智"是指能够了悟一切诸法空相与假相(自相)的智慧,为佛所具有。"大智"在这里是指"一切种智",而不是"道种智"。僧肇《注维摩诘经》卷一:"大智,一切种智也。此智以六度六通众行为本。"慧远《维摩义记》卷一:"言大智者,是佛智也。佛慧深广,故名大智。"这种大智是由佛之威神教化建立,所以能够成就。本行:菩萨本来所修之行法,也是成就佛果的根本行法。慧远《维摩义记》卷一:"菩萨所修,能为佛因,故名本行。"菩萨以成就众生为最终目标,故以"六度"、"四摄"诸行为本。"六度"即"布施"、"持戒"、"忍辱"、"精进"、"禅定"、"般若";"四摄"即"布施摄"、"爱语摄"、"利行摄"、"同事摄"。

⑧师子吼:"师子"即"狮子"。狮子为百兽之王,它的吼声能够摄伏、怖畏群兽。此喻诸菩萨演说佛法,能够灭除一切戏论,破除各种异见,摄伏种种异学。

⑨三宝：即佛、法、僧三宝。

⑩魔：梵语简译，全译为"魔罗"，意为"扰乱"、"障碍"、"破坏"、"能夺命"等，常常指代一切身心烦恼。一般说法有四种魔：烦恼魔、阴魔、死魔、天魔。

⑪外道：指佛教以外的其他宗教或思想流派。佛陀在世时，据说有九十六种外道。

⑫盖缠：即"五盖"和"十缠"的总称，泛指一切烦恼。盖，覆盖心性，使善法不生之义；"五盖"指贪欲、瞋恚、睡眠、掉悔、疑。缠，为缠缚之义，指缠缚修善之心，使其不能出离生死苦海，证入涅槃解脱；"十缠"指无惭、无愧、嫉、悭、悔、睡眠、掉举、昏沉、瞋忿、覆。

⑬无碍解脱：远离一切烦恼惑障，达到对于一切诸法都通达无碍、自由自在的解脱境界。无碍，即无障碍、无所罣碍。

⑭念定总持：念，指正念。定，为正定。总持，梵语音译为"陀罗尼"，谓持善不失，持恶不生之义。

⑮布施、持戒、忍辱、精进、禅定、智慧：即"六波罗蜜多"，为六种从生死此岸到达涅槃彼岸的途径或方法。

⑯方便力：方便之力用。"方便"指为度脱众生而运用种种善巧的方法和智慧，又称为"第七波罗蜜多"。

⑰不起法忍：即"无生法忍"，与"菩提"同义，指了悟诸法不生不灭的智慧。僧肇《注维摩诘经》卷一："忍，即无生慧也，以能堪受实相，故以忍为名。得此忍，则无取无得，心相永灭，故曰：无所得，不起法忍也。"

⑱转不退轮：转动永不退失的佛法之轮。"轮"即佛法

之轮。

⑲善解法相：通晓诸法种种差别相状、本质及相互关系。一切诸法就其本质说，都是无自性之空性；从现象上看，则表现为种种相状差别，各具其特殊性。

⑳无所畏：即无所畏怖之意，根据境界差别而分为"佛无畏"和"菩萨无畏"，各有四种。佛四无畏：一切智无所畏、漏尽无所畏、说障道无所畏、说尽苦道无所畏；菩萨四无畏：总持无畏、决疑无畏、知根无畏、答报无畏。

㉑须弥：梵语音译，即"须弥山"，又作"苏迷庐山"、"须弥庐山"等，意译为"妙高山"、"好高山"、"善高山"、"妙光山"等。原为印度神话中的山名，后为佛教沿用。在佛教的世界观里，将其视为众山之王，高八万四千由旬，位于一小世界中央。

㉒金刚：即金中最刚之义。因其坚固锐利，能摧毁一切，而不会被毁坏，故借以喻菩萨之深信坚固不可破坏。

㉓缘起：梵语意译，亦称"缘生"，意谓一切事物和现象都处在普遍的因果联系之中，都依一定的条件而生起。缘，指一切事物和现象所依赖的原因和条件。起，就是依条件而生起。

㉔二边：指偏离中道而相互对立的两种极端或边际，由之而产生的见解，称为"边见"。例如，"生与死"、"短与长"、"有与无"等。

㉕无有量，已过量：没有限量，已经超过了可测量的限度。量，衡量，测量，引申为可以被认知、可以被测度的一定限量，包括时间、空间等物质存在形式的量度，也常指心境的量度。僧肇《注维摩诘经》卷一："既得法身，入无为境，心不可以智求，形不

可以像取，故曰无量。六住已下，名有量也。"

㉖心所行：即心行，就是指众生的心理活动。僧肇《注维摩诘经》卷一："六趣往来，心行美恶，悉知也。"

㉗佛自在慧：佛无所不知的自在智慧。十力：指佛具有的十种智力。一、"知觉处非处智力"，即知道事物之理与非理的智力，"处"，指道理所在处；二、"知三世业报智力"，即知一切众生三世因果业报的智力；三、"知诸禅解脱三昧智力"，即知诸禅定、八解脱、三三昧等智力；四、"知众生上下根智力"，即知各类众生根机优劣的智力；五、"知种种解智力"，即知各类众生种种知解的智力；六、"知种种界智力"，即知众生种种界别的智力；七、"知一切至所道智力"，即知一切众生善恶行为及其所趣向的智力；八、"知天眼无碍智力"，即以天眼彻知众生的生老病死及善恶业报的智力；九、"知宿命无漏智力"，即知众生宿命和如何证得无漏涅槃的智力；十、"知永断习气智力"，即知永远断除烦恼业障，不再流转生死的智力。菩萨也具有"十力"："深心力"、"增上深心力"、"方便力"、"智力"、"愿力"、"行力"、"乘力"、"神变力"、"菩提力"、"转法轮力"。无畏：这里指佛之"四无畏"：一是"一切智无所畏"（又作"正等觉无所畏"、"诸法现等觉无畏"），佛具一切智慧而无所畏惧；二是"漏尽无所畏"（又作"一切漏尽智无畏"），佛已断尽一切烦恼而无所畏怖；三是"说障道无所畏"（又作"说障法无畏"），佛说明惑业等种种障碍修行之法而无所畏怖；四是"说尽苦道无所畏"（又作"说出道无畏"），佛演说戒、定、慧等出离苦道之正法而无所畏怖。十八不共：即"十八不共法"，指佛或菩萨具有十八种独特的智能功

7

德，即：一"身无失"，二"口无失"，三"念无失"，四"无异想"，五"无不定心"，六"无不知已舍心"，七"欲无减"，八"精进无减"，九"念无减"，十"慧无减"，十一"解脱无减"，十二"解脱知见无灭"，十三"一切身业随智慧行"，十四"一切口业随智慧行"，十五"一切意业随智慧行"，十六"智慧知过去世无碍"，十七"智慧知未来世无碍"，十八"智慧知现在世无碍"。不共，谓不与他法相同，独具、特有的意思。

㉘恶趣：又称"恶道"，即由恶业所感而趣向的处所。佛教中有"三恶趣"、"五恶趣"、"六恶趣"等说法。"三恶趣"指地狱、饿鬼、畜生，若再加上人、天、阿修罗，即为"六恶趣"。依上下文义，"诸恶趣"当指"五恶趣"。

㉙五道：即"五恶趣"，指地狱、饿鬼、畜生、人、天。僧肇《注维摩诘经》卷一："法身无生，而无不生。无生，故恶趣门闭；无不生，故现身五道也。"

㉚大医王：医生中的圣者。佛、菩萨善能分别病相，知晓药性，治疗众病，故称之为"大医王"。

㉛佛土：诸佛度化之国土。僧肇说："群生无量，所好不同，故修无量净土以应彼殊好也。"

㉜唐捐：虚耗，白费力气，徒劳无益。唐，空，徒然。捐，捐弃。

㉝梵天王尸弃：梵天天王，名叫尸弃。梵，为清净之义；梵天，为色界初禅天，因其寂静清净，远离淫欲，故名。尸弃，意为宝髻、顶髻、最上、火。梵天王尸弃深信正法，每逢佛出世，必最先来请佛转法轮，又常侍佛之右边，手持白拂。

㉞四天下：即四大部洲，分别为东胜神洲、南赡部洲（阎浮提）、西牛货洲和北俱卢洲。

㉟天、龙神、夜叉、乾闼(tà)婆、阿修罗、迦楼罗、紧那罗、摩睺(hóu)罗伽：合称"天龙八部"。僧肇《注维摩诘经》对"龙神"分而注之，"龙有两种：地龙、虚空龙"，"神受善恶杂报，见形胜人劣天，身微难见也"。梵文本和奘译本为"龙"。

㊱比丘、比丘尼、优婆塞、优婆夷：合称"四众"。比丘、比丘尼为出家受具足戒的男、女僧人；优婆塞、优婆夷为在家受持三皈五戒的在家男、女居士。

译文：

这是我亲自听佛说的：当时，佛在毗耶离城附近的庵罗树园里，与八千位大比丘聚在一起，这些大比丘都是无漏大阿罗汉。同时在场的还有三万二千位大菩萨，这些大菩萨都声名远播，为广大众生所熟知敬仰，他们的广大智慧和六度万行都已圆满成就，他们都恒常受到诸佛如来威德神力的护念加持。这些大菩萨已经成为护持佛法的坚固城池，接受并修持正法，承续慧命；这些大菩萨演说佛法的声音，就像狮子般的吼声，美音普闻，周遍十方；这些大菩萨都具有无限悲悯之心，无须众生的呼吁、请求，便能像朋友一样主动抚慰、拯救他们；这些大菩萨弘扬佛、法、僧三宝，使之绵延不绝；这些大菩萨降伏众魔障怨贼，制伏诸外道邪法；这些大菩萨都已完全清净，永离烦恼惑障的缠缚；这些大菩萨心常清净而毫无垢染，安住于自由自在的无碍境界；这些大菩萨正念、正定、总持无不圆满，无碍辩才源源不断；这些大菩萨具足布施、持戒、忍辱、精进、禅定、智慧六度功德，以及为随缘摄化众生而使用的一切善巧方法和手段；这些大菩萨已经远离一切颠倒执着，达到了"得无所得"的"无生法忍"境界；这些大菩萨能够随顺诸法实相演说佛法，运转法轮而不退失；这些大菩萨透彻理解诸法的相状、本质及相互关系，通晓一切众生的根机悟性；这些大菩萨超出大众之上，获得"总持"、"决疑"、"知根"、"答报"等菩萨四无畏；这些大菩萨以无量功德智慧修其身心；他们的妙相个个都庄严美好，形貌绝伦，堪称第一；因此，他们舍弃了世俗的所有装饰玩好；这些大菩萨的功德智慧闻名遐迩，响彻寰宇，超过了须弥山顶；他们深信佛法，信心坚固犹如金刚；他们闪耀法宝光芒普照一切，洒下甘露法雨润泽万物；他们说法的音声，在一切众生种种言语音声中最为清净微妙；他们深谙诸法缘起的真理，已经断除了各种邪见；他们已经断除了有边无边之边见，以及一切烦恼习气；这些大菩萨演说佛法，无所畏惧，如狮子吼；他们所讲说的微妙法义，如雷霆震，慑服众生；这些大菩萨的法身、法音与功德不受时间、空间的限制，超越于一切形、界之外而遍满一切法界，不可称量，也超出任何限量；他们如航海导师，引导众生从佛法的海洋里，采集到种种法宝。这些大菩萨都洞达佛法深奥玄妙之义理，悉知众生在六道轮回中的状况，以及心中种种善恶意念，具有了几近于佛的自在智慧、十力、四无畏、十八不共法；这些大菩萨虽然已经关闭了通往地狱、畜生等诸恶趣之门，而又投生于五道之中显现自身，成为大医王，善于治疗众生种种疾病，对症下药，使其服用痊愈；这些大菩萨已成就无量功德，无量佛土都因之而变得庄严清净；因此，凡是见到过这些菩萨，或听闻到他们说法教化的众生，无不获得巨大的利益，这些大菩萨的一切功德善行，都能使众生受益而不会落空。上面所说的种种功德、善行和智慧，这些大菩萨无不圆满具足。

他们名号分别是：等观菩萨、不等观菩萨、等不等观菩萨、定自在王菩萨、法自在王菩萨、法相菩萨、光相菩萨、光严菩萨、大严菩萨、宝积菩萨、辩积菩萨、宝手菩萨、宝印手菩萨、常举手菩萨、常下手菩萨、常惨菩萨、喜根菩萨、喜王菩萨、辩音菩萨、虚空藏菩萨、执宝炬菩萨、宝勇菩萨、宝见菩萨、帝网菩萨、明网菩萨、无缘观菩萨、慧积菩萨、宝胜菩萨、天王菩萨、坏魔菩萨、电德菩萨、自在王菩萨、功德相严菩萨、师子吼菩萨、雷音菩萨、山相击音菩萨、香象菩萨、白香象菩萨、常精进菩萨、不休息菩萨、妙生菩萨、华严菩萨、观世音菩萨、得大势菩萨、梵网菩萨、宝杖菩萨、无胜菩萨、严土菩萨、金髻菩萨、珠髻菩萨、弥勒菩萨、文殊菩萨，像这样的大菩萨凡三万二千人。此外，还有数以万计的大梵天天王，如尸弃等，也从各自的四大洲世界来到佛陀说法之处，恭听佛陀说法。又有一万二千位天帝从各自四大洲前来与会，入座恭听。还有其他具有大威神力的诸天、龙神、夜叉、乾闼婆、阿修罗、迦楼罗、紧那罗、摩睺罗伽等"天龙八部众"，都来参加法会，入座聆听佛陀说法。同时，诸位比丘、比丘尼、优婆塞、优婆夷也前来与会，入座听法。

彼时，佛与无量百千之众，恭敬围绕，而为说法，譬如须弥山王，显于大海；安处众宝师子之座，蔽于一切诸来大众。

尔时，毗耶离城有长者子，名曰宝积，与五百长者
子，俱持七宝盖①，来诣佛所，头面礼足，各以其盖，共
供养佛。佛之威神令诸宝盖，合成一盖，遍覆三千大
千世界②。而此世界广长之相，悉于中现。又此三千
大千世界，诸须弥山、雪山、目真邻陀山、摩诃目真邻
陀山、香山、黑山、铁围山、大铁围山、大海江河、川流
泉源，及日月星辰、天宫、龙宫、诸尊神宫，悉现于宝盖
中。又十方诸佛③，诸佛说法，亦现于宝盖中。

尔时，一切大众睹佛神力，叹未曾有。合掌礼佛，
瞻仰尊颜，目不暂舍。长者子宝积，即于佛前，以偈
颂曰：

> 目净修广如青莲，心净已度诸禅定；
> 久积净业称无量，导众以寂故稽首。
> 既见大圣以神变④，普现十方无量土；
> 其中诸佛演说法，于是一切悉见闻。
> 法王法力超群生，常以法财施一切⑤；
> 能善分别诸法相，于第一义而不动⑥。
> 已于诸法得自在，是故稽首此法王⑦；
> 说法不有亦不无，以因缘故诸法生。
> 无我无造无受者，善恶之业亦不亡；
> 始在佛树力降魔，得甘露灭觉道成。
> 已无心意无受行，而悉摧伏诸外道；

三转法轮于大千，其轮本来常清净。
天人得道此为证⑧，三宝于是现世间；
以斯妙法济群生，一受不退常寂然。
度老病死大医王⑨，当礼法海德无边；
毁誉不动如须弥，于善不善等以慈。
心行平等如虚空，孰闻人宝不敬承；
今奉世尊此微盖，于中现我三千界。
诸天龙神所居宫，乾闼婆等及夜叉；
悉见世间诸所有，十力哀现是化变。
众睹希有皆叹佛，今我稽首三界尊⑩；
大圣法王众所归，净心观佛靡不欣！
各见世尊在其前，斯则神力不共法；
佛以一音演说法，众生随类各得解。
皆谓世尊同其语，斯则神力不共法；
佛以一音演说法，众生各各随所解。
普得受行获其利，斯则神力不共法；
佛以一音演说法，或有恐畏或欢喜。
或生厌离或断疑，斯则神力不共法；
稽首十力大精进，稽首已得无所畏。
稽首住于不共法，稽首一切大导师。
稽首能断众结缚⑪，稽首已到于彼岸⑫。
稽首能度诸世间，稽首永离生死道；
悉知众生来去相，善于诸法得解脱。

不著世间如莲华,常善入于空寂行;
达诸法相无罣碍,稽首如空无所依。

注释:

①宝盖:一种用珠宝装饰而成的彩伞,悬于法会讲座的上空,以示庄严华丽。

②三千大千世界:佛教的世界观念。按照佛教的说法,所谓"一须弥山、一日月、一四天下、一欲界天、一初禅天"为一世界;一千个这样的世界为一小千世界;一千个小千世界名为一中千世界;一千个中千世界名为一大千世界。一大千世界即一佛刹,内在包含大千、中千、小千世界,故又称"三千大千世界"。

③十方:佛教以东、南、西、北、东南、西南、西北、东北、上、下为"十方"。

④神变:即神通变化,佛菩萨为教化众生而以神通力变现出的各种不可思议景象。

⑤法财施:即"法施"和"财施"。"法施"亦称"法布施"、"法供养",是指对佛法的宣扬与流布。"财施"则是向人布施、施舍钱财。

⑥第一义:即第一义谛,指最究竟的真理。

⑦法王:指释迦牟尼佛。佛于诸法自在,故称"法王"。

⑧天人:金陵刻经处版本为"大人",属于误刻;《藏要》及其他版本为"天人"。

⑨大医王:指释迦牟尼佛。此处特指佛以法药利济群生,医治众生沉沦生死的大病患,故又称"大医王"。

⑩三界尊：三界中的至尊者。"三界"指欲界、色界、无色界。

⑪结缚：烦恼之异名。因烦恼能系缚人的心身使其不得解脱，故名"结缚"。

⑫彼岸：即涅槃彼岸。佛教视生死流转的情境为此岸；视超离生死，证得涅槃为彼岸。

译文：

那时，佛陀为恭敬围绕的无量百千与会大众开示说法，这种情形犹如须弥山王耸立于大海之上；佛陀庄重地安坐于众宝装饰的狮子座上，佛光闪耀，映蔽一切前来听法的大众。

其时，毗耶离城有一位长者的儿子，名叫宝积，他与五百名长者子一起，都手持用七宝装饰成的宝盖，来到佛陀说法的场所，都五体投地，以头面顶礼佛足，并把各自带来的宝盖供献给佛陀。佛陀的威德神力把这众多宝盖合拢成一个巨大无比的大宝盖，覆盖了整个三千大千世界。而此三千大千世界辽阔广大的形象也完全在宝盖中显现出来。而且，此三千大千世界的所有须弥山、雪山、目真邻陀山、摩诃目真邻陀山、香山、黑山、铁围山、大铁围山、大海江河、川流泉源，以及日月星辰、天宫、龙宫、诸尊神宫，悉数显现于宝盖之中。又有十方诸佛以及诸法说法的情形，也都显现其中。

其时，与会诸大众目睹了佛陀的神通威力后，都赞叹不已，称说从未曾见过这种景象。于是合掌顶礼佛陀，恭敬地瞻仰佛陀的尊颜，目光不肯暂时舍离。长者子宝积随即就在佛陀座

前, 用偈颂称赞佛陀道:

目净修广如青莲, 心净已度诸禅定;

久积净业称无量, 导众以寂故稽首。

既见大圣以神变, 普现十方无量土;

其中诸佛演说法, 于是一切悉见闻。

法王法力超群生, 常以法财施一切;

能善分别诸法相, 于第一义而不动。

已于诸法得自在, 是故稽首此法王;

说法不有亦不无, 以因缘故诸法生。

无我无造无受者, 善恶之业亦不亡;

始在佛树力降魔, 得甘露灭觉道成。

已无心意无受行, 而悉摧伏诸外道;

三转法轮于大千, 其轮本来常清净。

天人得道此为证, 三宝于是现世间;

以斯妙法济群生, 一受不退常寂然。

度老病死大医王, 当礼法海德无边;

毁誉不动如须弥, 于善不善等以慈。

心行平等如虚空, 孰闻人宝不敬承;

今奉世尊此微盖, 于中现我三千界。

诸天龙神所居宫, 乾闼婆等及夜叉;

悉见世间诸所有, 十力哀现是化变。

众睹希有皆叹佛, 今我稽首三界尊;

大圣法王众所归, 净心观佛靡不欣。

各见世尊在其前, 斯则神力不共法;

佛以一音演说法，众生随类各得解。

皆谓世尊同其语，斯则神力不共法；

佛以一音演说法，众生各各随所解。

普得受行获其利，斯则神力不共法；

佛以一音演说法，或有恐畏或欢喜。

或生厌离或断疑，斯则神力不共法；

稽首十力大精进，稽首已得无所畏。

稽首住于不共法，稽首一切大导师；

稽首能断众结缚，稽首已到于彼岸。

稽首能度诸世间，稽首永离生死道；

悉知众生来去相，善于诸法得解脱。

不着世间如莲华，常善入于空寂行；

达诸法相无罣碍，稽首如空无所依。

尔时，长者子宝积说此偈已，白佛言："世尊！是五百长者子，皆已发阿耨多罗三藐三菩提心①，愿闻得佛国土清净，唯愿世尊，说诸菩萨净土之行。"佛言："善哉，宝积！乃能为诸菩萨，问于如来净土之行。谛听，谛听！善思念之，当为汝说。"于是宝积及五百长者子，受教而听。

佛言："宝积！众生之类，是菩萨佛土。所以者何？菩萨随所化众生，而取佛土；随所调伏众生，而取佛土；随诸众生，应以何国入佛智慧，而取佛土；随诸众生，应以何国起菩萨根，而取佛土。所以者何？菩萨取于净国，皆为饶益诸众生故。譬如有人，欲于空地，造立宫室，随意无碍；若于虚空，终不能成。菩萨如是，为成就众生故，愿取佛国；愿取佛国者，非于空也。

"宝积！当知，直心是菩萨净土②，菩萨成佛时，不谄众生来生其国；深心是菩萨净土③，菩萨成佛时，具足功德众生来生其国；菩提心是菩萨净土④，菩萨成佛时，大乘众生来生其国；布施是菩萨净土，菩萨成佛时，一切能舍众生来生其国；持戒是菩萨净土，菩萨成佛时，行十善道满愿众生来生其国；忍辱是菩萨净土，菩萨成佛时，三十二相庄严众生来生其国⑤；精进是菩萨净土，菩萨成佛时，勤修一切功德众生来生其国；禅定是菩萨净土，菩萨成佛时，摄心不乱众生来生其国；智慧是菩萨净土，菩萨成佛时，正定众生来生其国；四无量心是菩萨净土⑥，菩萨成佛时，成就慈悲喜舍众生来生其国；四摄法是菩萨净土⑦，菩萨成佛时，解脱所摄众生来生其国；方便是菩萨净土，菩萨成佛时，于一切法方便无碍众生来生其国；三十七道品是菩萨净土⑧，菩萨成佛时，念处、正勤、神足、根、力、觉、道众生来生其国⑨；回向心是菩萨净土⑩，菩萨成佛时，得一切具足功德国土；说除八难是菩萨净土，菩萨成佛时，国土无有三恶八难⑪；自守戒行、不讥彼阙是菩萨净土，菩萨成佛时，国土无有犯禁之名；十善是菩萨净土⑫，菩萨成佛时，命不中夭，大富梵行，所言诚谛，常以软语，眷属不离，善和诤讼，言必饶益，不嫉不恚，正见众生来生其国。

　　"如是，宝积！菩萨随其直心，则能发行；随其发行，则得深心；随其深心，则意调伏；随其调伏，则如说行；随如说行，则能回向；随其回向，则有方便；随其方便，则成就众生；随成就众生，则佛土净；随佛土净，则说法净；随说法净，则智慧净；随智慧净，则其心净；随其心净，则一切功德净。是故，宝积！若菩萨欲得净土，当净其心；随其心净，则佛土净[13]。"

注释：

①阿耨（nòu）多罗三藐三菩提：梵语音译，意译为"无上正等正觉"，即遍知一切真理的无上智慧，指佛智。

②直心：指正直、诚实而无虚假、无谄曲之心。

③深心：指深厚坚固的求法之心。

④菩提心：指求取无上正等正觉之心。

⑤三十二相：指佛陀具有的三十二种祥瑞美好之相。

⑥四无量心：即"慈、悲、喜、舍"四梵行。"慈无量心"，给人悦乐之心；"悲无量心"，救人苦难之心；"喜无量心"，见人离苦得乐而生喜悦之心；"舍无量心"，能舍以上三心之心，又对于一切众生，能舍弃怨亲分别而平等对待之心。

⑦四摄法：四种摄受众生的法门。一、"布施摄"，随众生的愿望而进行布施能惠施予人，包括法施与财施；二、"爱语摄"，随众生根性而善言慰抚他们；三、"利行摄"，能以身、口、意种种善行，利益众生；四、"同事摄"，谓亲近众生同其苦乐，

随其所乐而分别显现化身，从而饶益他们，成就他们。

⑧三十七道品：又称"三十七菩提分"、"三十七觉支"等，为追求智慧、悟道成佛的三十七种修行方法。"三十七道品"分为七大类：一是"四念处"，即身念处、受念处、心念处、法念处；二是"四正勤"，即已生恶令永断、未生恶令不生、未生善令生、已生善令增长；三是"四如意足"，即欲如意足、精进如意足、念如意足、思惟如意足；四是"五根"，即信根、精进根、念根、定根、慧根；五是"五力"，即信力、精进力、念力、定力、慧力；六是"七觉分"，即择法觉分、精进觉分、喜觉分、除觉分、舍觉分、定觉分、念觉分；七是"八正道"，即正见、正思惟、正语、正业、正命、正精进、正念、正定。

⑨念处、正勤、神足、根、力、觉、道：即四念处、四正勤、四神足、五根、五力、七觉分、八正道。

⑩回向心：把自己所修功德转而用于别处之心。"回向心"有三种：一是回己功德，普惠众生；二是回己修行，上求菩提；三是回己智慧，但求实际。"回向"，较为常见的意思是以自己所修善根功德，回转给众生，并使自己趋入菩提涅槃。《往生论注》下卷："回向者，回己功德，普施众生。"

⑪三恶：三恶道，地狱、饿鬼、畜生。八难：为八种见闻佛法有障碍之处，分别为：地狱、饿鬼、畜生、北俱庐洲、长寿天、聋盲喑哑、世智辩聪、佛前佛后。

⑫十善：又称"十善道"、"十善业"，即身、口、意所产生的十种善行。其中，身业有三：不杀生、不偷盗、不邪淫；口业有四：不妄语、不两舌、不恶口、不绮语；意业有三：不贪欲、不瞋恚、

不邪见。与"十善"对应的称为"十恶",即是杀生、偷盗、邪淫、妄语、两舌、恶口、绮语、贪欲、瞋恚、邪见。

⑬心净,则佛土净:自心的清净,则佛土自然清净。此句为本段的总纲,慧远认为本段的十三种修行次第乃是从初地菩萨至成佛之十三种阶位;吉藏则认为这是从初地菩萨至十地菩萨之过程。

译文:

其时,当长者子宝积唱诵完这首偈颂后,接着又对佛陀说:"世尊啊!这五百长者子,都已发起无上正等正觉之心,他们都希望能够听闻如何修得清净佛土,但愿世尊能为他们演说那些大菩萨修行净土的实践法门。"佛陀说:"真是太好了,宝积!你能为众菩萨向我询问修行净土的法门。请你们专心地听着,认真地思考,好好地记住,我现在就为你们解说菩萨的净土法门。"于是,宝积与五百长者子,都恭受教诲,仔细聆听。

佛陀说:"宝积啊!各种各样的众生世界,就是菩萨的清净佛土。为什么这么说呢?因为菩萨根据他们所要化度的众生而摄受相应的清净佛土;根据他们所要调伏的众生而摄受相应的清净佛土;根据各类众生将在什么样的国度才能进入佛智慧而摄受相应的清净佛土;根据各类众生将在什么样的国度才能萌生菩萨道根而摄受相应的清净佛土。菩萨为什么这么做呢?这是因为,菩萨建立清净佛土的目的,都是为了饶益、济度众生。譬如有人想在空旷的平地上建造宫室,完全可以自由随意而无障碍;但如果有人想在虚空中建立宫室,肯定不能成功。

菩萨建立佛国净土也是同样的道理，他们为了成就众生而发愿建立佛国净土；菩萨发愿建立佛国净土是以成就众生为基础，而不是从虚空中获取的。

"宝积啊！你应当知道，质朴诚实之心是菩萨净土，菩萨将来成佛时，一切正直不谄众生来生其佛国；深信坚固之心是菩萨净土，菩萨将来成佛时，一切具足种种功德的众生来生其佛国；大乘心是菩萨净土，菩萨将来成佛时，一切信仰大乘的众生来生其佛国；布施是菩萨净土，菩萨将来成佛时，一切能布施的众生来生其佛国；持戒是菩萨净土，菩萨将来成佛时，一切戒行清净、圆满成就十善道业的众生来生其佛国；忍辱是菩萨净土，菩萨将来成佛时，一切因忍辱修行而具有三十二种瑞相、庄严的众生来生其佛国；精进是菩萨净土，菩萨将来成佛时，一切勤修一切功德的众生来生其国佛；禅定是菩萨净土，菩萨将来成佛时，一切心注一境、摄心不乱的众生来生其佛国；智慧是菩萨净土，菩萨将来成佛时，一切觉悟大道、修得正定的众生来生其佛国；慈、悲、喜、舍'四无量心'是菩萨净土，菩萨将来成佛时，一切圆满成就慈、悲、喜、舍'四无量心'的众生来生其佛国；布施、爱语、利行、同事'四摄法'是菩萨净土，菩萨将来成佛时，一切因受到菩萨'四摄法'所摄化而获得解脱的众生来生其佛国；方便是菩萨净土，菩萨将来成佛时，一切修习方便法门、于一切法通达无碍的众生来生其佛国；'三十七道品'是菩萨净土，菩萨将来成佛时，一切圆满修习'四念处'、'四正勤'、'四神足'、'五根'、'五力'、'七觉支'和'八正道'的众生来生其佛国；回向心是菩萨净土，菩萨将来成佛时，获得一切功德圆满具足的佛国净土；演说消除八难是菩萨净土，菩萨将来成佛时，其国土没有三恶道及八种无缘听闻佛法的苦难；自己持守戒行、不讥讽他人犯戒是菩萨净土，菩萨将来成佛时，其国土不仅没有犯戒之人，就连违反禁戒的名声都不会有；十善法门是菩萨净土，菩萨将来成佛时，一切不夭折、大富大贵、行为清净、言语诚实、话语柔和、眷属不离、善于和解纠纷、发言必定饶益他人、不嫉妒、不瞋恚、见地正确的众生来生其佛国。

"正如上面所说的，宝积啊！菩萨因其质直之心，而能发愿、修行；随其愿行，而得深厚坚固的道心；随其有深厚坚固的道心，而能调伏其意念；随其意念的调伏，则能如佛法所说而修行；随其能如佛法所说而修行，则能将功德回向；随其将功德回向，则会有种种方便法门；随其有种种方便法门，则能济度成就无量众生；随着成就无量众生，则佛土自然清净；随着佛土的清净，则所演说的佛法自然清净；随着所说佛法的清净，则智慧清净；随着智慧的清净，则其心境自然清净；随着心境的清净，则一切功德自然清净。所以，宝积啊！如果菩萨想要建立佛国净土，首先应当清净其心；随其自心的清净，则佛土自然清净了。"

尔时，舍利弗承佛威神作是念：若菩萨心净则佛土净者，我世尊本为菩萨时，意岂不净？而是佛土，不净若此？

佛知其念，即告之言："于意云何？日月岂不净耶？而盲者不见。"对曰："不也，世尊！是盲者过，非日月咎。""舍利弗！众生罪故，不见如来国土严净，非如来咎。舍利弗！我此土净，而汝不见。"

尔时，螺髻梵王语舍利弗[①]："勿作是念，谓此佛土以为不净。所以者何？我见释迦牟尼佛土清净，譬如自在天宫[②]。"

舍利弗言："我见此土，丘陵坑坎，荆棘沙砾，土石诸山，秽恶充满。"

螺髻梵王言："仁者心有高下，不依佛慧，故见此土为不净耳！舍利弗！菩萨于一切众生悉皆平等，深心清净，依佛智慧，则能见此佛土清净。"

于是佛以足指按地，即时三千大千世界，若干百千珍宝严饰，譬如宝庄严佛无量功德宝庄严土。一切大众叹未曾有，而皆自见坐宝莲华。

佛告舍利弗："汝且观是佛土严净！"

舍利弗言："唯然，世尊！本所不见，本所不闻，今佛国土严净悉现。"

佛告舍利弗："我佛国土，常净若此，为欲度斯下劣人故，示是众恶不净土耳！譬如诸天，共宝器食，随其福德，饭色有异。如是，舍利弗！若人心净，便见此土功德庄严。"

当佛现此国土严净之时，宝积所将五百长者子，皆得无生法忍；八万四千人，皆发阿耨多罗三藐三菩提心。佛摄神足，于是世界还复如故。求声闻乘者三万二千[③]，诸天及人，知有为法[④]，皆悉无常，远尘离垢，得法眼净⑤。八千比丘，不受诸法，漏尽意解⑥。

注释：

①螺髻梵王：色界天顶髻为螺形的梵王。

②自在天宫：为色界第四禅天主神自在天王的宫殿。

③声闻乘：指听闻佛法而悟道得解脱生死之人。声闻乘、缘觉乘、菩萨乘合称为"佛教三乘"，前二者属于小乘，菩萨乘属于大乘。

④有为法：指因缘和合而生的一切理法。

⑤法眼净：又作"清净法眼"、"净法眼"，指清净无垢、能观见诸法真理的慧眼、智慧。学佛之人初始悟道，也称为"法眼净"。僧肇《注维摩诘经》卷一："法眼净，须陀洹道也。"

⑥漏尽意解：指断尽一切烦恼而证得阿罗汉果。漏，指烦恼。意，指心念。僧肇《注维摩诘经》卷一："九十八结漏既尽，故意得解脱，成阿罗汉也。"

译文：

其时，舍利弗听了佛陀的这一番话之后，在蒙受佛陀威德神力加被之下，心里就产生了这样一个疑问：如果说菩萨心净则佛土净的话，那么我佛世尊当初做菩萨时，其心境意念难道不清净吗？但是这个佛土怎么会如此污浊不堪呢？

佛陀当即知道了舍利弗心中的疑问，便对他说道："舍利弗！你怎么会这样想呢？日月难道不明亮清净吗？但是盲人却看不见日月的光明清净。"舍利弗回答说："不是的，世尊！这是盲者的过失，不是日月的错误。"佛陀接着便说道："舍利弗啊！众生因为受到自身烦恼、罪业的障碍，所以看不到如来佛土庄严清净，并不是如来的过失。舍利弗！我的佛土本是庄严清净的，只是你看不见罢了。"

其时，螺髻梵王对舍利弗说："切勿有这样的想法，认为如来此佛土是污秽不净的。为什么呢？因为我所看见释迦牟尼佛的国土庄严清净，犹如自在天宫一般。"

舍利弗说："不对啊！我明明看见这个世界上到处是丘陵坑坎、荆棘沙砾、土石诸山，充满各种污秽。"

螺髻梵王说："那是因为你不依凭佛祖的智慧，心中还有高下净染等种种分别的缘故，所以你才看见这个世界污秽不净。舍利弗！菩萨对待一切众生，都怀有平等之心，心意深邃、坚固、清净，依凭佛之智慧，因此能够看到这个世界的庄严清净。"

于是，佛陀即以足指按地，顿时由无数百千精美珍宝庄严装饰的三千大千世界便显现在与会大众眼前，此三千大千世界的华丽庄严，犹如宝庄严佛的无量功德宝庄严世界一样。此时，一切与会大众都赞叹不已，称说从未曾见过这种情形，并且发现自己都端坐于莲花宝座之上。

这时，佛陀便对舍利弗说："舍利弗！你且看看此佛土的庄严清净！"

舍利弗回答说："是的，世尊！这样庄严清净的佛国净土真是我前所未见、前所未闻的，而现在佛国国土的庄严清净完全显现在眼前。"

佛陀又对舍利弗说："我佛国国土，从来都是如此庄严清净的，只是为了济度那些劣质钝根的众生，才方便示现出这具有种种污秽不净的国土！犹如诸天神同在一宝器中饮食，但却因各自的福慧功德的不同而看到饭色的差异一样。就是这样啊，舍利弗！如果有人自心清净，他就能看到此佛国国土的功德具足、庄严清净。"

当佛陀示现此庄严清净国土之时，宝积所率领的五百长者子，都证得无生法忍；八万四千人都发起无上正等正觉之心。佛陀收回刚才按地的神足，于是世界又恢复到原来的样子。三万二千求声闻乘解脱的诸天及人众，由此了悟到一切有生灭的有为法都是缘起生灭、变化无常的，当下都断除了一切烦恼惑障，证得了清净法眼。八千比丘也都舍去了一切执着，断除一切烦恼惑障，内心获得解脱而证得阿罗汉果位。

方便品第二

本品叙述了长者维摩诘"深植善本","久于佛道","辩才无碍,游戏神通","善于智度,通达方便",实际上已经达到了佛的境界,为了方便示教,摄化群生,以居士的身份居住在毗耶离城,以种种方便利益群生,济度天人。本品还记述了维摩诘为饶益众生,其以方便,现身有疾。因其患病,国王、大臣、长者、居士、婆罗门及诸王子并诸官属,数以千计人士都前去探视,于是维摩诘借此机会向众多前去探视的人广说大乘不可思议法门。

尔时,毗耶离大城中有长者,名维摩诘,已曾供养无量诸佛,深植善本,得无生忍;辩才无碍,游戏神通①;逮诸总持,获无所畏;降魔劳怨,入深法门;善于智度,通达方便;大愿成就,明了众生心之所趣,又能分别诸根利钝。久于佛道,心已纯淑,决定大乘②;诸有所作,能善思量;住佛威仪,心大如海;诸佛咨嗟,弟子、释、梵、世主所敬。欲度人故,以善方便,居毗耶离。

资财无量,摄诸贫民;奉戒清净,摄诸毁禁;以忍调行,摄诸恚怒;以大精进,摄诸懈怠;一心禅寂,摄诸乱意;以决定慧,摄诸无智。

虽为白衣③,奉持沙门清净律行④;虽处居家,不著三界；示有妻子，常修梵行⑤；现有眷属，常乐远离；虽服宝饰，而以相好严身；虽复饮食，而以禅悦为味⑥；若至博弈戏处，辄以度人；受诸异道，不毁正信；虽明世典⑦，常乐佛法。一切见敬，为供养中最。

执持正法，摄诸长幼；一切治生谐偶⑧，虽获俗利，不以喜悦；游诸四衢⑨，饶益众生；入治正法，救护一切；入讲论处，导以大乘；入诸学堂，诱开童蒙；入诸淫舍，示欲之过；入诸酒肆，能立其志。

若在长者，长者中尊，为说胜法；若在居士，居士中尊，断其贪著；若在刹利⑩，刹利中尊，教以忍辱；若在婆罗门⑪，婆罗门中尊，除其我慢；若在大臣，大臣中尊，教以正法；若在王子，王子中尊，示以忠孝；若在内官，内官中尊，化正宫女；若在庶民，庶民中尊，令兴福力；若在梵天⑫，梵天中尊，诲以胜慧；若在帝释⑬，帝释中尊，示现无常⑭；若在护世⑮，护世中尊，护诸众生。

注释：

①游戏神通：指能随意自在运用神通，济度众生。"神通"指一种超自然的、不可思议的功能和力量。佛、菩萨、阿罗汉具有六神通：天眼通、天耳通、神足通、他心通、宿命通、漏尽通。这里指维摩诘能任意运用种种神通在世间随缘度众。

②大乘：相对于声闻、缘觉等小乘的菩萨乘、佛乘，其特点是不以自度为终的，而把慈悲普度、成就佛道作为最终目标。大

乘与小乘主要有以下区别：第一、佛陀观不同。有些小乘部派（主要是上座部）认为，释迦牟尼是一位依靠自己的修行而觉悟的人，是历史上的教主，是唯一的佛；另外一些部派（如大众部）则相对神化了佛陀。大乘则完全把佛陀神格化，看作崇拜的偶像，提出了二身、三身，甚至十身的说法，并且认为三世十方还有无数佛。第二、修行目标不同。部派佛教修行的最高目标是成就阿罗汉果和辟支佛果，即指灭尽烦恼、超越生死、自我的解脱；大乘佛教认为这一目标不够高，修行的最高目标应该是成佛，建立佛国净土，至少做个"上求菩提，下化众生"的菩萨，即佛的候补者。第三、修行方法不同。小乘一般修三学（戒、定、慧）、八正道、四谛、十二因缘；大乘则兼修六度（六种度众生的方法，即持戒、禅定、智慧、精进、布施、忍辱）和四摄（布施、爱语、利行、同事）的菩萨行。大乘佛教强调以菩提为目标，提倡"普度众生"，因此大乘特别重视居士佛教，"小乘认为要实现自己的理想，非出家过禁欲生活不可；而大乘，特别在其初期，则以居家的信徒为主。并且有些事只有在家才具备条件去做，例如布施中的财施，出家人不许集财，就不能实行。因此，大乘一开始，很重视在家，不提倡出家"（吕澂《印度佛学源流略讲》），"大乘佛教的发展始终把在家居士的菩萨行视为关键因素，甚至有学者认为，小乘佛教是以僧侣为中心展开的，而大乘佛教则是从在家信徒中兴起的"（潘桂明《印度大乘佛教》）。池田大作也认为："小乘佛教徒埋头于只有专门的出家僧侣才能理解的教义研究，把佛教当作一种封闭的宗教。而大乘教徒却不承认出家与在家的差别，他们把佛教作为一般化的、广为开放的宗教。"

（《我的佛教观》）居士佛教发端于原始佛教，但它真正成为一种潮流，则是在大乘佛教时期。第四、佛教理论。"在理论上，大乘主张我法俱空，一切皆空，小乘，特别是有部，局限于佛说的法都是实在的，是一种概念实在论。"（吕澂《印度佛学源流略讲》）鸠摩罗什《大乘大义章》卷下说："有二种论，一者大乘论，说二种空：众生空、法空；二者小乘论，说众生空。"小乘佛教一般主张"我空法有"，否认"人我"的实在性，承认外境外法的存在；大乘佛教主张"我法二空"，不仅否认"人我"，也否认"法我"。大、小二乘都主张"空"，大乘空得更彻底些。吉藏《三论玄义》卷上谓小乘（《成实论》）中亦有"二空"说，大、小二乘的理论差别集中在对"空"的理解上，略有四点：一、"小乘析法明空，大乘本性空寂"；二、"小乘但明三界内人、法二空"，"大乘明三界内外人、法并空"；三、"小乘但明于空，未说不空；大乘明空，亦辨不空"，所谓"空者，一切生死；不空者，谓大涅槃"；四、"小乘名为但空，谓但住于空；菩萨名不可得空，空亦不可得也"。就是说，大乘佛教的唯心哲学更精致、更彻底。第五、佛法标准。小乘主张"三法印"，即"诸行无常、诸法无我、涅槃寂静"。大乘主张"一法印"，即"一实相印"。有学者为了打通大、小二乘，主张"一法印"即"三法印"，"三法印"即"一法印"。

③白衣：指在家世俗之人。古印度婆罗门和世俗之人多穿着白衣，故以"白衣"称之。出家沙门则穿缁衣或染衣，故沙门亦称为"缁衣"。

④沙门：梵语音译，又作"桑门"、"丧门"，意译为"息心"、"净志"等，泛指出家修道之人。

⑤梵行："梵"为清净义，"梵行"即清净之行。

⑥禅悦：禅定中感受到的愉悦。

⑦世典：佛典之外的世俗典籍。

⑧治生谐偶：经营谋生。治生，即谋生。谐偶，和合，指倍数，表示多的意思，引申为顺利。

⑨四衢：城中四通八达的街道。衢，街道，大路。

⑩刹利：全称"刹帝利"，为古印度四种姓之一，是印度古代之王族。古印度统治者用种姓制度规范社会各个等级的社会职责：第一种姓"婆罗门"，是执掌宗教事务的僧侣和祭司，垄断了当时的社会文化和宗教大权，自诩为"人间之神"、"人中之神"；第二种姓"刹帝利"，是执掌军政大权的武士和军事贵族，是世俗王权的主要支柱；第三种姓"吠舍"，是从事社会生产活动的农民、手工业者和商人，是社会生产的主导力量；第四种姓"首陀罗"，是为以上三个种姓服务的奴隶，从事极其卑贱的工作。另有第五种姓"旃陀罗"，比首陀罗地位更加低贱，主要是狱卒、盗贼、屠夫、打猎、捕鱼之类的人。《摩登伽经》卷上云："旃陀罗者，造作恶业，凶暴残害；欺诳众生，无慈愍心；以是因缘，名为卑贱。"

⑪婆罗门：古印度四种姓之一，位居四种姓之首，信奉婆罗门教。婆罗门编造婆罗门至上说，"婆罗门姓梵王口生，刹帝利姓梵天臂生，毗舍（吠舍）种姓梵天髀生，从于梵足乃生首陀罗"（《金刚针论》）。

⑫梵天：即色界之初禅天。此指梵天众生。

⑬帝释：又作"释提桓因"、"释迦提桓因陀罗"，为欲界忉

利天（即三十三天）之主神，居于须弥山顶的善见城。在古印度吠陀思想中，他被视为唯一的"大梵"。

⑭无常：指一切诸法都是因缘和合而成的，都处在不断地生灭变化之中，没有恒常不变的自性或实体。

⑮护世：指护世四天王。"四天王"为帝释的部属，居于须弥山半腰，分别护持一天下。东方为持国天王，南方为增长天王，西方为广目天王，北方为多闻天王。

译文：

当时，毗耶离大城中有一位德高望重的长者，名叫维摩诘，他曾经供养过无量诸佛，培植了深厚坚固的善根，获得了洞见诸法不生不灭的智慧，达到了无生法忍的菩萨境界；他辩才无碍，以种种神通游戏三界，济度天人；他掌握了一切修持法门，获得了佛菩萨才具有的四无所畏；他能够降伏魔怨惑障，深谙佛法玄奥的真谛；他善于用般若智慧度化众生，又通达教化众生的种种方便法门；于是，他圆满成就了度化众生的大悲宏愿，明了众生的心意趣向，又能善于分别众生的根机利钝。他很早以来就深入佛道，心智已极灵明纯净，坚定不移地尊奉大乘佛法，弘扬大乘精神；他的任何言行都十分严谨，经过缜密而细致的思考；他的任何举止都具备佛的庄严威仪，心智宽广如海；他受到诸佛如来的嘉美、赞叹和颂扬，也深受佛陀弟子、帝释、梵天及世间君王的崇敬。为了济度世人，维摩诘运用善巧方便法门，以居士身份居住在毗耶离城中。

维摩诘拥有无量的财富，经常周济贫穷无助的众生；他本人戒行清净，堪为典范，借此示教于那些毁坏禁戒之人；他以极深的忍辱修为，摄化、调伏瞋恚成性的众生；他勇猛精进，勤于修行，借此以警策、摄化懈怠懒散的众生；他具有极深的禅定功夫，一心不乱，借此以摄化心浮意躁、胡思乱想的烦恼众生；他以坚定的无上智慧，摄化愚痴无智、妄见邪智的众生。

维摩诘虽然身为白衣居士，却严谨持守出家沙门的清净戒律；他虽然居住在世俗社会的家庭中，却完全不执着于欲界、色界和无色界的尘俗世事；他虽然有妻子儿女，却恒常修习清净梵行；他虽然也有六亲眷属，却恒常享受着超越眷属羁绊的快乐；他虽然身着珍贵华美的服饰，却更以功德道行成就的吉瑞相好来庄严其身；他虽然也像常人一样饮水吃饭，却更以禅定的喜悦为滋味；如果他来到赌博、游戏的场所，都是为了度化沉迷其中的世人；他虽然也接受外道异端的学说，却从来不会影响其对佛法的纯正信仰；他虽然通晓世俗的学问典籍，却恒常爱好佛法。正因为这样，维摩诘深受一切众生的崇敬和爱戴，在接受供养者中居于首位。

维摩诘以长者的身份执持正法，处理世俗事务，摄护毗耶离城的男女老幼；他虽然像世俗之人那样从事一切谋生事业，且常常获得十分可观的利润，却从来不会因此而沾沾自喜；他经常游走于一切街头闹市，那是为了教化、饶益众生；他参与管理国家的世俗政务，那是为了救护一切众生；每当他到了公开讲论的地方，总以大乘法教化众生；每当他到了学校讲堂，总以真知正见开导学童；他甚至进入各种青楼妓院，那是为了显示淫欲的罪过；他也走进各种闹市酒馆，那是为了教化那些醉生梦死之徒,使他们确立正念、正智和正志。

维摩诘如果出现在长者之中,他受到长者们的尊敬,为他们宣说殊胜的佛法;如果出现在居士之中,他受到居士们的尊敬,能劝导他们断除贪欲和执着;如果出现在刹帝利之中,他受到刹帝利的尊敬,教导他们培养忍辱精神和亲和力;如果出现在婆罗门之中,他受到婆罗门的尊敬,教导他们破除自大和傲慢;如果出现在大臣之中,他受到大臣们的尊敬,教导他们奉守正法,依法辅政;如果出现在王子之中,他受到王子们的尊敬,教导他们忠孝的道理;如果出现在内官之中,他受到内官们的尊敬,教化宫女,使她们正直忠贞,遵守法律和伦理;如果出现在平民百姓之中,他受到平民百姓的尊敬,教导他们行善积德,培植福德善根;如果出现在诸梵天之中,他受到诸梵天的尊敬,为他们开示殊胜无比的佛法智慧;如果出现在帝释天之中,他受到帝释天的尊敬,为他们示现三界无常、缘起性空的佛法义理;如果出现在护法诸天王之中,他受到护法诸天王的尊敬,教导他们护持佛法及一切众生。

长者维摩诘,以如是等无量方便,饶益众生。其以方便,现身有疾。以其疾故,国王、大臣、长者、居士、婆罗门等,及诸王子,并余官属,无数千人皆往问疾。其往者,维摩诘因以身疾,广为说法:

"诸仁者,是身无常,无强、无力、无坚,速朽之法,不可信也;为苦为恼,众病所集。诸仁者,如此身,明智者所不怙[①]。

"是身如聚沫，不可撮摩；是身如泡，不得久立；是身如焰，从渴爱生；是身如芭蕉，中无有坚；是身如幻，从颠倒起；是身如梦，为虚妄见；是身如影，从业缘现②；是身如响，属诸因缘；是身如浮云，须臾变灭；是身如电，念念不住；是身无主，为如地；是身无我，为如火；是身无寿，为如风；是身无人，为如水；是身不实，四大为家③；是身为空，离我、我所④；是身无知，如草木瓦砾；是身无作，风力所转；是身不净，秽恶充满；是身为虚伪，虽假以澡浴衣食，必归磨灭；是身为灾，百一病恼；是身如丘井，为老所逼；是身无定，为要当死；是身如毒蛇，如怨贼，如空聚，阴界诸入所共合成⑤。

"诸仁者，此可患厌，当乐佛身。所以者何？佛身者，即法身也⑥。从无量功德智慧生，从戒、定、慧、解脱、解脱知见生，从慈、悲、喜、舍生，从布施、持戒、忍辱、柔和、勤行、精进、禅定、解脱、三昧、多闻、智慧诸波罗蜜生⑦，从方便生，从六通生⑧，从三明生⑨，从三十七道品生，从止观生⑩，从十力、四无所畏、十八不共法生，从断一切不善法、集一切善法生，从真实生，从不放逸生⑪，从如是无量清净法生如来身。诸仁者，欲得佛身，断一切众生病者，当发阿耨多罗三藐三菩提心。"

如是，长者维摩诘为诸问病者如应说法，令无数千人皆发阿耨多罗三藐三菩提心。

注释：

①不怙（hù）：不去依恃。怙，意为依靠、依恃。

②业缘：业感缘起、十二因缘，意为一切众生的生死流转，都是由众生的业因相感而缘生。善果为善业所缘起，恶果为恶业所缘起，业缘为善恶果报的因缘。业，梵语意译，音译为"羯磨"，为造作之义，泛指一切身心活动。佛教将"业"分为身、语、意三类：身业，指身体的行为；语业，也称"口业"，指言语；意业，指思想活动。《大毗婆沙论》中说："三业者，谓身业、语业和意业。问此三业云何建立？为自性故，为所依故，为等起故。若自性者，应唯一业，所谓语业，语即业故；若所依者，应一切业皆名身业，以三种业皆依身故；若等起者，应一切业皆名意业，以三皆是意等起故。"佛教认为，善业是招感乐果的因缘，恶业是招感苦果的因缘。对于业的善恶性质及其果报，《成实论》卷七中说："业报三种，善、不善、无记；从善、不善生报，无记不生。""无记"就是非善非恶，没有后果产生。

③四大：古代印度哲学认为构成宇宙万物有四个最基本的因素，即地、水、风、火。人身由色、心二法构成，色法（色身）由"四大"构成。

④我、我所：我，指自我、自身；我所，指我所有的事物，广指一切法。佛教认为，一切众生都是五蕴和合的产物，并不存在一个恒常不变的实体或主宰者，因而是"人无我"；同样，自身之外的一切诸法，也都是因缘和合而成的产物，并不是恒常不变的实在，因而法也是"无我"；总之，无我我所，故应远离。

⑤阴界诸入：指五阴、十八界、十二入。五阴，又作"五

蕴",指色、受、想、行、识。阴,荫覆之义;蕴,积聚、类别的意思。"色蕴"大致相当于物质现象,包括地、水、火、风"四大"和由"四大"所组成的"五根"(眼、耳、鼻、舌、身五种感觉器官)、"五境"(与五根相对应的五种感觉对象:色、声、香、味、触)以及所谓的"无表色"(指依身、口、意发动的善恶之业,生于身内的一种无形的色法。"受蕴"即感受,指在外界作用下产生的各种感受。一般分为"苦"、"乐"、"舍"(不苦不乐)三种不同的感受。"想蕴"相当于知觉或表象。人们通过对外境的接触而执取颜色、形状等种种相状,并形成种种名言概念,即为"想蕴"。"行蕴"相当于意志和行动,泛指一切身心活动。"识蕴"指意识或认识作用,"识"为"了别"之义。佛教认为众生的身体都是此五蕴和合而成的。十八界,指具有认识功能的"六识"(能依之识)、发生认识功能的"六根"(所依之根)、作为认识对象的"六境"(所缘之境)。界,为种类、种族义。"六识"即眼识、耳识、鼻识、舌识、身识、意识;"六根"即眼、耳、鼻、舌、身、意;"六境"即色、声、香、味、触、法。十二入,指"六根"(眼、耳、鼻、舌、身、意)和"六境"(色、声、香、味、触、法)"十二法"。"六根"与"六境"彼此互入而生感受,故称"十二入";"六根"和"六境"为产生心和心所之处,故又称"十二处"。

⑥法身:又名"自性身"、"法性身",即诸佛所证的真如法性之身,此法身以佛法成身或身具一切佛法,为佛法第一义谛,因而具有本体之意义。佛有"法、化、报"三身,此处法身应指报身。

⑦三昧:梵语音译,又作"三摩地"、"三摩提",意译为

"定"、"正定",是一种将心定于一处的禅定境界。波罗蜜:梵
语音译,意译为"度"、"到彼岸",指把众生从生死此岸度到涅
槃彼岸的方法或途径。

⑧六通:六种神通,分别为天眼通、天耳通、神足通、他心
通、宿命通、漏尽通。

⑨三明:即宿命明(明了自身及一切众生过去世种种生死因
缘的智慧)、天眼明(明了自身及一切众生未来世种种生死因缘
的智慧)、漏尽明(断尽一切烦恼的智慧)。

⑩止观:"止"即禅定,止散乱心,专注一境;"观"即智慧,
观察一切真理。"止观"就是定慧双修的意思,是佛教两种最基
本的修行方法。僧肇《注维摩诘经》卷五:"系心于缘谓之止,
分别深达谓之观。止观,助涅槃之要法。"

⑪放逸:指放纵逸乐而不能勤修善法。

译文:

长者维摩诘,就是以如此种种无量善巧方便智慧,来饶益
众生。现在,维摩诘又运用善巧方便法门,示现身患疾病。由
于维摩诘身体患病的缘故,国王、大臣、长者、居士、婆罗门,以
及诸位王子、百官臣僚等等,数以千计的人士都前去探视他的
疾病。对于这些众多前来探视的众人,维摩诘就以自己身体患
病为缘由,向他们广说大乘不可思议法门:

"诸位仁者大德啊,我们这血肉之身是由'四大'、'五蕴'
和合而成,本无自性,是变化无常的,不够强壮,没有力量,也不
坚固,只是转瞬就会朽坏的东西,不可相信依赖啊;这血肉之

躯是诸苦、烦恼、各种疾病之渊薮。诸位仁者大德啊，这样的血肉之身，一切明智之士都不会去贪恋依赖的。

"这身体如同水面上聚集的浮沫，不可拈取搓摩；这身体如同水面上漂浮的气泡，不能长久存在；这身体如同阳光炙烤下产生的蜃影，是从烦恼和贪欲中产生；这身体如同芭蕉杆，中间空空，没有坚固的实体；这身体如同幻影，是由于无明颠倒而产生的妄想；这身体如同梦中镜象，是分别意识的虚无妄见；这身体如同影像，是过去所造之业因缘而起的显现；这身体如同空中回荡的声响，是各种因缘和合的产物；这身体如同天空浮云，瞬间即随风飘逝；这身体如同闪电，刹那不住；这身体没有恒常不变的主宰，就像大地没有永恒的主宰一样；这身体没有恒常不变的自性，就像燃烧的火一样；这身体没有长久的寿命，就像短暂的飘风一样；这身体并非人我，没有定体，就像水无定形一样；这身体并不真实，是地、水、风、火'四大'临时寄居之所；这身体犹如虚空，既不是一个真我，也不是属于真我所有；这身体没有知觉灵性，就像草木瓦砾一样；这身体没有自主性的行为，只是随业力之风牵引而轮转生死；这身体污秽不净，充满污秽恶臭；这身体虚假不实，尽管每天都给它沐浴穿衣饮食加以保养，但它最终必定归于磨灭；这身体是诸多灾祸的汇集处，时刻受到众多病痛的苦恼；这身体如同丘之将颓、井之将枯，受到衰老朽坏的逼迫；这身体毫无定性，终归有一天要走向死亡；这身体如同毒蛇，如同怨贼，如同空荡荡的聚落，是由'五蕴'、'十八界'、'十二入'共同组合而成的。

"诸位仁者大德啊，这血肉之身实在是灾患，确实应该厌离,应该欣乐于追求佛身。为什么这么说呢? 所谓佛身,就是法身啊。此法身是从无量功德智慧中产生的,是从戒、定、慧、解脱、解脱知见中产生的,是从慈、悲、喜、舍'四无量心'中产生的,是从布施、持戒、忍辱、柔和、勤行、精进、禅定、解脱、三昧、多闻、智慧等修行方法中产生的,是从种种方便法门中产生的,是从'天眼通、天耳通、神足通、他心通、宿命通、漏尽通'六神通中产生的,是从'宿命明、天眼明、漏尽明'三明中产生的,是从'三十七道品'中产生的,是从止观中产生的,是从'十力'、'四无所畏'、'十八不共法'中产生的,是从断一切不善法、集一切善法中产生的,是从真如实际中产生的,是从精进修持而不放逸中产生的,如来法身是从这一切无量清净法中产生的。诸位仁者大德,如果你们想要修得佛身,断除一切众生的病患苦恼,就应该发起无上正等正觉之心。"

就是这样,维摩诘为所有前去探视他病情的众生,如此这般演说佛法,令数以千计的探视者都发起无上正等正觉之心。

弟子品第三

佛陀遣声闻乘弟子舍利弗、大迦叶、大目犍连等十大弟子，乃至五百弟子前去探视维摩诘，众弟子皆因自己的小乘境界或小乘的修行方法而受维摩诘的呵斥，皆辞不堪前往维摩诘处问疾。

本品通过对众弟子的批评，着重阐释了大乘佛教的"禅定"、"法"、"说法"、"平等"、"法要"、"罪"与"律"、"在家"与"出家"、"法身"等重要思想，全面贬斥早期佛教的基本观念和主要实践，弘扬了大乘佛教的基本观念和宗教实践，突出了大乘佛教的地位和价值，对大乘佛教的整个开展，起到了理论先导的作用。

尔时，长者维摩诘自念：寝疾于床，世尊大慈，宁不垂愍？佛知其意，即告舍利弗①："汝行诣维摩诘问疾。"

舍利弗白佛言："世尊，我不堪任诣彼问疾。所以者何？忆念我昔，曾于林中宴坐树下②，时维摩诘来谓我言：'唯，舍利弗！不必是坐，为宴坐也！夫宴坐者，不于三界现身意，是为宴坐；不起灭定而现诸威仪③，是为宴坐；不舍道法而现凡夫事，是为宴坐；心不住内，亦不在外，是为宴坐；于诸见不动，而修行三十七品，是为宴坐；不断烦恼而入涅槃，是为宴坐。若能如是坐者,佛所印可④.' 时我, 世尊! 闻说是语, 默然而止, 不能加报, 故我不任诣彼问疾。"

注释:

①舍利弗: 又作"舍利子", 其母名"舍利", 故名。古印度摩揭陀国王舍城人, 婆罗门种姓。佛陀的十大弟子之上首, 因聪慧出众, 在佛弟子中被誉为"智慧第一"。年少时跟从六师外道中的删阇耶毗罗胝子出家学道, 仅七日七夜即贯通其教旨, 会众二百五十人皆奉之为上首。佛陀成道后不就, 五比丘之一的马胜比丘以佛陀所说因缘法示之, 令了知诸法无我之理, 遂归于佛门。

②宴坐: 指安坐、静坐、坐禅。宴, 安、息之义。

③灭定: 指灭尽定、灭受想定。与无想定合称为"二无心定", 乃是在四无色定过程中, 已完成第三无所有处定, 住非想非非想处定中, 为四禅中最高定境, 是已得阿那含果位的圣者所修的禅定。灭尽, 意为心念都灭, 妄想全息。

④印可: 即印证认可, 指弟子修道成就时, 其师对其道行予以承认或肯定。

译文:

其时, 维摩诘暗自思忖: 我这样卧病在床, 世尊大慈大悲, 难道不关怀怜悯, 而不派人前来探视我吗? 正当维摩诘出现这一念头时, 佛陀即知道了他的心意, 就对素有"智慧第一"之称的舍利弗说: "你前去维摩诘居士那里探视一下他的病情吧。"

舍利弗赶忙回答佛陀说:"世尊,到维摩诘居士那里探视他病情的事情,我恐怕不能胜任。为什么呢? 回忆往昔,我曾经在大树林里的一棵树下静坐,正好那时维摩诘居士来到那里,他便对我说:'喂,舍利弗! 并不一定像你这样的坐着才是真正的禅坐! 所谓禅坐,就是不在三界之中显现身心而超越形意,既无打坐的形式,也无打坐的念头,这才是真正的禅坐;不脱离灭尽定而显现种种威仪,行住坐卧皆在定境之中,这才是真正的禅坐;不舍弃道法而展现种种凡夫的世俗生活,这才是真正的禅坐;心不执着于烦恼妄想,也不行于境相,这才是真正的禅坐;不去刻意离弃各种邪见而能专心致志地修行三十七道品,这才是真正的禅坐;不断除烦恼而又能证入涅槃,这才是真正的禅坐。舍利弗,如果能够这样禅坐,才是佛祖所认可的啊。'世尊! 当时我听了维摩诘居士的那些话后,默然停止了静坐,无言以对,所以,到维摩诘居士那里探视他病情的事情,我恐怕不能胜任。"

　　佛告大目犍连①:"汝行诣维摩诘问疾。"
　　目连白佛言:"世尊,我不堪任诣彼问疾。所以者何? 忆念我昔入毗耶离大城,于里巷中,为诸居士说法,时维摩诘来谓我言:'唯,大目连! 为白衣居士说法,不当如仁者所说。夫说法者,当如法说。法无众生,离众生垢故;法无有我,离我垢故;法无寿命,离生死故;法无有人,前后际断故;法常寂然,灭诸相故;法离于相,无所缘故;法无名字,言语断故;法无有说,离觉观故；法无形相，如虚空故；法无戏论②，毕竟空故③；法无我所，离我所故；法无分别，离诸识故；法无有比，无相待故；法不属因，不在缘故；法同法性④，入诸法故；法随于如⑤，无所随故；法住实际⑥，诸边不动故；法无动摇，不依六尘故；法无去来，常不住故；法顺空，随无相⑦，应无作⑧；法离好丑，法无增损，法无生灭，法无所归，法过眼耳鼻舌身心；法无高下，法常住不动，法离一切观行⑨。唯，大目连！法相如是，岂可说乎？夫说法者，无说无示；其听法者，无闻无得。譬如幻士为幻人说法，当建是意而为说法；当了众生根有利钝，善于知见⑩，无所罣碍，以大悲心，赞于大乘，念报佛恩，不断三宝，然后说法。'维摩诘说是法时，八百居士发阿耨多罗三藐三菩提心。我无此辩，是故不任诣彼问疾。"

注释：

①大目犍连：又作"目连"、"目犍连"，意为"采菽氏"。古印度摩揭陀国王舍城外拘律陀村人，婆罗门种姓。自幼与舍利弗交情甚笃，后同归佛门，成为佛陀十大弟子之一，有"神足第一"之誉。据《盂兰盆经》记载，目犍连曾为救母出离饿鬼道，而于七月十五僧自恣日供养十方大德僧众，遂为后世盂兰盆会的由来。

②戏论：指言不及义的妄说或违背真理、毫无意义的言论。这里泛指一切言语论说。僧肇："真境无言。凡有言论，皆是虚

戏。妙绝言境,毕竟空也。"(《注维摩诘经》卷二)

③毕竟空:一切之有为法与无为法,毕竟为空,名为"毕竟空"。"十八空"之一,意指诸法究竟不可得。《大智度论》卷三十一:"毕竟空者,以有为空、无为空,破诸法无有遗余,是名毕竟空。"

④法性:指一切诸法的真实体性,亦即一切现象的普遍本质或真实不变的本性、本体。法性,又作"真如法性"、"真法性"、"真性"等,与真如、实相、法界、法身、佛性等异名而同义。《大智度论》卷三十二:"法性者,法名涅槃,……如是一切世间法中皆有涅槃性。"《成唯识论述记》卷九:"性者,体义,一切法体,故名法性。"其卷二又曰:"性者,体也。诸法真理,故名法性。"

⑤如:即真如,意为世间出世间一切诸法的永恒不变的真实本质、本体和真理。《成唯识论》卷九:"真谓真实,显非虚妄。如谓如常,表无变易。谓此真实于一切法,常如其性,故曰真如。"《大乘起信论》等众多佛典也将"法性"与"真如"并称,《起信论义记》卷二:"法性者,名此真体普遍义。"法藏据《大智度论》认为:"在众生数中名为佛性,在非众生数中名为法性。"

⑥实际:指"真如"、"法性"。真如、法性为诸际极,故又名"实际"。

⑦无相:指一切诸法本性皆空,无言可表,也不显示任何真实相状。

⑧无作:无因缘造作。

⑨观行:有二义:一、观心的修行方法,即观心修行,鉴照自

心以明了本性;二、观法之行相,即先观事理,然后如理起行。

⑩善于知见:即指正知正见。知见,知识与见解。

译文:

佛陀又对素有"神通第一"之称的大目犍连说:"目犍连,你前去维摩诘居士那里探视一下他的病情吧。"

目犍连赶忙回答说:"世尊,到维摩诘居士那里探视他病情的事情,我恐怕不能胜任。为什么呢?回忆往昔,我曾经来到毗耶离城,在街巷里为白衣居士说法,当时,维摩诘居士来到那里,对我说:'喂,大目犍连!要为这些白衣居士说法,不应当像你这样说法。为什么呢?演说佛法,应当契合佛法的真谛而演说。佛法的本质不着众生之相,因为它远离众生的颠倒妄想;佛法的本质不着自我之相,因为它远离一切对于自我的虚妄执着;佛法的本质没有寿命之相,因为它远离一切生死烦恼;佛法的本质没有与'自我'相对的'人相',生死轮回中的不变主体,因为它恒常不变,没有前际后际的相续性可言;佛法的本质是恒常寂静的,因为它没有生灭之相;佛法的本质超越一切形相,因为它并非因缘而生,没有所缘的对象;佛法的本质没有名字可称呼,因为它超越一切语言文字的表达限度;佛法的本质不可言说,因为它是不能以分别心去思量观察的;佛法的本质是无形无相的,因为它如同虚空一样;佛法的本质是不可以随心所欲地妄加论议的,因为它是毕竟空寂的;佛法的本质没有我之所属、我之所有,因为它远离属于我的一切客观存在;佛法的本质是不可妄加分别的,因为它远离一切心识的了别;佛法的本质是不可以相互比对的，因为它是无所对待的；佛法的本质不是任何先在原因导致的结果，不依属于任何原因，因为它不是缘起法的范畴；佛法的本质与法性没有任何差别，因为它遍及一切诸法；佛法的本质随应不生不灭的真如，因为它本来就无所随应；佛法的本质住于湛然常寂的真如实际，因为它完全是不生不灭的；佛法的本质不为一切现象所动摇，因为它不依赖于现象界的色、声、香、味、触、法等六尘；佛法的本质是无来无去的，因为它既遍于诸法而又不住于任何迁流变化的具体事物；佛法的本质顺应空性，既无形相，亦无造作；佛法的本质既无好丑，亦无增减，无生无灭，无所归趣，超越了眼耳鼻舌身心诸根的感觉范围；佛法的本质无有高下，常住不动，超越了一切观心和修行的局限。喂，目犍连！佛法之性相就是这样的，又怎么能够讲说呢？所以，所谓说法，实际上是无说无示的；而听法者，无所听闻，亦无所得。就像魔术师为其所变化出来的幻人说法一样，说法者应当秉持这样的态度为众生说法；应当明了众生根机之利钝，通达正知正见，无所滞碍，并以同体大悲之心，赞颂宣扬大乘佛法，念念不忘报答佛祖教导之恩，弘扬佛教，使佛、法、僧三宝永不断绝。目犍连，只有具备了这些最基本的认知，然后才能演说佛法。'当维摩诘居士这样演说佛法时，在场的八百名居士发起无上正等正觉之心。我目犍连没有这样的辩才和见识，所以，到维摩诘居士那里探视他病情的事情，我恐怕不能胜任。"

佛告大迦叶[①]："汝行诣维摩诘问疾。"

迦叶白佛言："世尊，我不堪任诣彼问疾。所以者何？忆念我昔，于贫里而行乞，时维摩诘来谓我言：'唯，大迦叶！有慈悲心而不能普，舍豪富从贫乞。迦叶，住平等法，应次行乞食②。为不食故③，应行乞食；为坏和合相故，应取抟食④；为不受故，应受彼食。以空聚想，入于聚落；所见色，与盲等；所闻声，与响等；所嗅香，与风等；所食味，不分别。受诸触，如智证；知诸法，如幻相；无自性，无他性⑤；本自不然，今则无灭。迦叶，若能不舍八邪⑥，入八解脱⑦，以邪相入正法；以一食施一切，供养诸佛，及众贤圣，然后可食。如是食者，非有烦恼，非离烦恼；非入定意，非起定意；非住世间，非住涅槃。其有施者，无大福，无小福；不为益，不为损。是为正入佛道，不依声闻。迦叶，若如是食，为不空食人之施也。'时我，世尊！闻说是语，得未曾有，即于一切菩萨，深起敬心，复作是念：斯有家名，辩才智慧乃能如是，其谁不发阿耨多罗三藐三菩提心？我从是来，不复劝人以声闻、辟支佛行⑧。是故不任诣彼问疾。"

注释：

①大迦叶：古印度摩揭陀国王舍城人，婆罗门种姓。佛陀的十大弟子之一，以苦行著称，在佛弟子中被誉为"头陀第一"。在灵山会上，受佛正法眼藏，传佛心印，被视为禅宗初祖。佛陀入灭后，成为教团领袖，于王舍城召集第一次经典结集。

②乞食：古印度原始佛教的生活制度。古印度比丘不能经营产业，也不储钱米，每日清晨出门托钵乞食。日中一餐，过午不食。

③不食：指涅槃。

④抟食：亦作"团食"，即把食物搓成团状而食之。

⑤无自性，无他性：一切诸法都是因缘和合而生，自身并没有永恒不变的本性；各种聚合在一起而形成某物的因缘条件，本身也没有永恒不变的自性。

⑥八邪：指与"八正道"相对应的八种邪道，即邪见、邪思惟、邪语、邪业、邪命、邪精进、邪念、邪定。

⑦八解脱：又作"八背舍"，指八种舍弃各种贪着之心而获得解脱的禅定。即：一、内有色想观外色解脱；二、内无色想观外色解脱；三、净解脱；四、空无边处解脱；五、识无边处解脱；六、无所有处解脱；七、非想非非想处解脱；八、灭尽定解脱。

⑧辟支佛：又作"缘觉"、"独觉"，指观悟"十二因缘"之理而独自悟道者，属于小乘。

译文：

佛陀又对素有"头陀第一"之称的大迦叶说："大迦叶！你前去维摩诘居士那里探视一下他的病情吧。"

大迦叶赶忙回答说："世尊，到维摩诘居士那里探视他病情的事情，我恐怕不能胜任。为什么呢？回忆往昔，我曾在贫民区里行乞，当时维摩诘居士前来对我说：'喂，大迦叶！你有慈悲之心却不能普施于众人，不向富豪之家乞食而只向穷人乞食，这种做法很不妥当。大迦叶，你应该坚持诸法平等的原则，慈悲一切众生，所以应该不分贫富贵贱，次第乞食。实际上，为了悟入食而不食之涅槃而应该平等乞食；为了破除因缘和合的幻相而应该平等取食；为了受而不受之涅槃而应该平等接受别人的食物。大迦叶，你应该秉持诸法本空的想法，进入村庄聚落，平等乞食；所见种种形色，如同盲人一无所见；所听到的种种声音，如同听到空谷回音；所嗅到的种种香味，如同嗅到清风；所吃食物的滋味也不要有所分别。你感受到的种种触觉而毫不动心，如同已证得漏尽智、无生智；应当知道世间一切诸法，如同梦幻假相；一切诸法既无永恒不变的自性，又无使其存在的他性；一切诸法本来就不是一种真实的存在，因而也无所谓消失灭亡。大迦叶，如果能不刻意舍弃八邪而又能进入八种解脱，从而以邪相进入正法；又能以一食遍施一切众生，供养十方诸佛及众圣贤，如果能做到这样，那你就可以进食了。如果能够以这样心境乞食、进食，那么就能够做到既无烦恼，又不离弃充满烦恼的世间；既无入定之念，又无出定之意；既不像众生一样住于生死轮回的世间，又不像小乘众一样离开世间而住于涅槃。至于那些供养你的施主，既不会因为其供养丰厚而得到大的福报，也不因其供养的薄寡而得到小的福报；既不增益福报，也不减损福报。这才是真正入于大乘佛道，而不是依循小乘声闻道。大迦叶，如果能这样乞食、进食，才不会辜负施主们的布施啊！'世尊！当时我听到维摩诘居士的这些话语，真是前所未闻的，当即对大乘道及一切大乘菩萨产生了深深的敬仰之心，同时又产生了这样的想法：维摩诘虽然是一位在家居士，但却具有如此出众的无碍辩才和卓越智慧，还有谁在听了他的说教之后，不会发起无上正等正觉之心呢？从那以后，我不再劝人修行声闻、缘觉之小乘道了。所以，到维摩诘居士那里探视他病情的事情，我恐怕不能胜任。"

佛告须菩提①："汝行诣维摩诘问疾。"

须菩提白佛言："世尊，我不堪任诣彼问疾。所以者何？忆念我昔，入其舍从乞食，时维摩诘取我钵，盛满饭，谓我言：'唯，须菩提！若能于食等者，诸法亦等；诸法等者，于食亦等。如是行乞，乃可取食。若须菩提不断淫怒痴②，亦不与俱；不坏于身，而随一相；不灭痴爱，起于解脱；以五逆相③，而得解脱，亦不解不缚。不见四谛④，非不见谛；非得果，非不得果；非凡夫，非离凡夫法；非圣人，非不圣人；虽成就一切法，而离诸法相，乃可取食。若须菩提不见佛、不闻法，彼外道六师⑤：富兰那迦叶、末伽梨拘赊梨子、删阇夜毗罗胝子、阿耆多翅舍钦婆罗、迦罗鸠驮迦旃延、尼犍陀若提子等，是汝之师，因其出家，彼师所堕，汝亦随堕，乃可取食。若须菩提，入诸邪见，不到彼岸；住于八难，不得无难；同于烦恼，离清净法；汝得无诤三昧⑥，一切众生亦得是定；其施汝者，不名福田⑦；供养汝者，堕三恶道；为与众魔共一手，作诸劳侣，汝与众魔及诸尘劳⑧，等无有异；于一切众生而有怨心，谤诸佛，毁于法，不入众数,终不得灭度^⑨。汝若如是,乃可取食。'时我,世尊! 闻此茫然,不识是何言,不知以何答,便置钵欲出其舍。维摩诘言:'唯,须菩提! 取钵勿惧,于意云何? 如来所作化人^⑩,若以是事诘,宁有惧不?'我言:'不也。'维摩诘言:'一切诸法,如幻化相,汝今不应有所惧也。所以者何? 一切言说,不离是相,至于智者,不著文字,故无所惧。何以故? 文字性离,无有文字,是则解脱。解脱相者,则诸法也!'维摩诘说是法时,二百天子,得法眼净。故我不任诣彼问疾。"

注释:

①须菩提:梵语音译,意译为"善现"、"善见"、"空生"等,古印度舍卫国人,婆罗门种姓。佛陀十大弟子之一,善解般若空理,故有"解空第一"之誉。

②淫怒痴:即贪瞋痴。

③五逆:即五逆重罪,又作"五无间业",指杀父、杀母、杀阿罗汉(杀已证阿罗汉果的圣者)、出佛身血(伤害佛陀、毁坏佛像等)、破和合僧(破坏僧团)。

④四谛:佛教所讲的四个真理,即苦谛、集谛、灭谛、道谛。"四谛"是全部佛教教义的总纲,是佛教对人生和世界的现状、原因、本质以及超越世俗痛苦的方法与境界的总的论述。苦谛,意为世俗世间的一切,本质上都是苦。佛教特别强调人生一切皆苦,这是其解脱理论的根本出发点。因为人生皆苦,所以才有求取解脱的必要性。佛教认为,人来到这个世上,从出生到

老死，时时刻刻都处在各种痛苦的煎熬之中。佛教所说的苦，种类繁多，有二苦（内苦和外苦）、三苦（苦苦、坏苦、行苦）、四苦（生苦、老苦、病苦、死苦）、八苦、十八苦乃至一百多种苦等不同的说法，其中最通常的说法为"八苦"。所谓"八苦"是指生、老、病、死、爱别离，怨憎会、求不得和五蕴盛等八种苦。集谛，旧译作"习谛"，主要是说明人生痛苦的生起及其根源。集，就是招聚、集合的意思，意为招聚、集合痛苦的原因。在佛教看来，人生痛苦的总根源在于无始以来的"无明"，即对佛法真理的愚昧无知，由于无明而执着于各种贪欲，便会生起种种烦恼，造下种种惑业，依业受报，即有轮回之苦。灭谛，意谓灭除烦恼与痛苦，即断灭一切惑业，消除世俗诸苦得以产生的一切原因，从而超脱生死轮回，证入无苦的涅槃解脱境界。"涅槃"又分为有余涅槃、无余涅槃、无住涅槃。道谛，"道"即道路，即灭苦之道，意为达到寂灭、实现解脱的途径与方法。"道谛"主要有八种，即"八正道"。

　　⑤外道六师：亦称"六师外道"，指佛陀时代中印度势力较大的六个反对婆罗门正统思想的派别及其代表人物。一、富兰那迦叶。伦理怀疑论者，对一切宗教及社会道德都表示怀疑和否定，认为善恶没有固定的标准，不过因社会习惯而得名。没有所谓的善，也没有所谓的恶，所以也就没有什么善恶果报，被佛教称之为"无因无缘论"。据说他为奴隶之子，将反抗的矛头直指占统治地位的婆罗门教和世俗统治者。二、末伽梨拘赊梨子。印度生命派（邪命外道）的创始人，原是耆那教的一个分支。相传他是个奴隶的儿子，出生在牛舍中。他主张世界万有由十

二种基本元素构成，即灵魂、地、水、火、风、空、得、失、苦、乐、生、死。这些元素的组合完全是机械的、偶然的，而一旦组合成功，即按照自己的必然规律运行。因此在社会学上，该派是极端必然论者，认为一切都是命定的，个人意志无能为力，无所谓努力解脱，也无所谓行善与作恶，只要经过八百四十万大劫，所有的人统统得到解脱。三、删阇(shé)夜毗罗胝子。据说是毗罗梨部族的思想家，古印度诡辩论的创始人。他认为诸如"有无它世"、"有无化生之有情"、"有无善恶业之异熟果"、"如来死后存在不存在"等一系列当时争论中的重大问题都不可断言，不加可否，凡事持怀疑论和不可知论的态度。佛教称他为"不死矫乱论"，耆那教称他为"怀疑论"。四、具有唯物论倾向的阿耆多翅舍钦婆罗。"顺世论"的先驱之一，主张唯有地、水、火、风四种元素（"四大"）才是世界统一的物质基础，是世界万物存在的最终原因，从而否定梵天创世等宗教创世说；他还主张肉体与精神的统一，灵魂是肉体的属性，不存在永恒的灵魂，从而否认有业报轮回；他反对婆罗门教的三大纲领，嘲笑祭祀行为，主张种姓平等。五、迦罗鸠驮迦旃延。古印度"七元素说"的创立者，认为世界的本源是地、水、火、风、苦、乐、灵魂等七种元素，它们是永恒自存的，既不能被创造，也不能创造，自性自尔；世界万物只是这七元素机械组合的产物，任何行为也只是通过元素间隙的运动，所以也根本没什么因果报应。六、尼犍陀若提子。吠舍的王族，"耆那教"创始人，耆那教尊之为"大雄"。他认为世界由"命"（灵魂）与"非命"（非灵魂）构成，主张业报轮回、灵魂解脱，宣扬非暴力主义和苦行主义，从而摆脱"业"的束缚,获得解脱。

⑥无诤(zhèng)三昧:谓住于空理而与他无诤之三昧。既解空理,物我俱忘,达到与世无诤境界的禅定。

⑦福田:谓可生福德之田。指种种善行可以获得福报,犹如农人耕田,日后必有收获,故名"福田"。

⑧尘劳:烦恼的异名。"尘"指污染,"劳"谓恼累,即能恼乱身心之烦恼。

⑨灭度:即涅槃。

⑩化人:指以神通变化显现之人。

译文:

佛陀又对素有"解空第一"之称的须菩提说:"须菩提,你前去维摩诘居士那里探视一下他的病情吧。"

须菩提赶忙回答道:"世尊,到维摩诘居士那里探视他病情的事情,我恐怕不能胜任。为什么呢?回忆往昔,我曾至维摩诘居士家里,向他乞食,当时维摩诘居士接过我的饭钵并盛满饭后,对我说道:'喂,须菩提!如果你能以平等之心进行乞食,那么,你对一切诸法亦能平等对待;同样,如果你能以平等之心看待一切诸法,那么你对乞食亦能平等对待。须菩提,如果你能如此行乞,那么你才可以从我手中取食。须菩提,如果你能够不断淫欲、瞋怒和愚痴,同时又不会为淫欲、瞋怒和愚痴所缠缚;如果能够既不破除身见而又能体悟到诸法乃是平等一相;如果能够不断灭愚痴贪爱,而能获得慧明解脱;甚至犯了五逆重罪也能获得解脱,同时也既无解脱,亦无束缚。既没有对苦、集、灭、道的刻意追求，同时又不是没有对四圣谛的真切证悟；既不刻意去追求道果，但又不是没有证悟道果；既不在凡夫位，但又不离开凡夫法；既非刻意追求成圣成佛，但又不是没有达到贤圣的境界；虽然能够成就一切诸法，但又能不执着于一切诸法。须菩提，如果你能够达到这样的境界，你就可以从我手中取食。须菩提，如果你不曾遇见佛，亦不曾听闻佛法，而六师外道——富兰那迦叶、末伽梨拘赊梨子、删阇夜毗罗胝子、阿耆多翅舍钦婆罗、迦罗鸠驮迦旃延、尼犍陀若提子等，是你的老师，你跟随他们出家，那么，当他们堕入邪见恶道时，你也跟随他们堕入邪见恶道，如果这样，你就可以从我手中取食了。须菩提，如果你堕入各种邪见之中而不能到达涅槃彼岸；住于八难之中而又不能脱离困难之境；充满烦恼而远离清净法门；当你证得无诤三昧时，一切众生也都证得这种禅定；那些布施你的人不能获得福田；供养你的人堕入三恶道之中；你与众魔联手，做他们的同事和帮手，与众魔以及各种烦恼等同没有分别；你对于一切众生产生怨怼之心，毁谤诸佛，毁坏佛法，不能加入僧团，最终也不能证入涅槃而获得解脱。须菩提，如果你做到这样，那你就可以从我手中取食了。'世尊！当时我听了维摩诘居士的那些话语后，一片茫然，不知所措，不知道如何回答，便放弃饭钵打算离开维摩诘居士的家。这时，维摩诘居士又对我说：'喂，须菩提！赶快接住饭钵，不用恐惧，你为什么要这样想呢？如果是如来神力所变化出的化身，用这样的话语来诘问你，难道你会感到恐惧吗？'我说：'当然不会。'维摩诘居士又说：'一切诸法，都是幻化的假相，你根本不应该感到恐惧。为什么呢？一切言说，都不过说幻化的假相，因此，有智慧的人，不会执着于语言文字，所以也就对语言文字无所畏惧。为什么呢？因为，一切语言文字，都不过是虚妄假名，无法表达诸法的本质，不着语言文字，直接契入诸法实相，这才是真正的解脱。解脱的本质就是一切诸法之实相啊！'当维摩诘居士这样说法的时候，二百位天子获得法眼净。所以，到维摩诘居士那里探视他病情的事情，我恐怕不能胜任。"

佛告富楼那弥多罗尼子①："汝行诣维摩诘问疾。"

富楼那白佛言："世尊，我不堪任诣彼问疾。所以者何？忆念我昔，于大林中，在一树下，为诸新学比丘说法，时维摩诘来谓我言：'唯，富楼那！先当入定，观此人心，然后说法。无以秽食置于宝器，当知是比丘心之所念；无以琉璃同彼水精，汝不能知众生根源，无得发起以小乘法②。彼自无疮，勿伤之也！欲行大道，莫示小径！无以大海内于牛迹，无以日光等彼萤火。富楼那，此比丘久发大乘心，中忘此意，如何以小乘法而教导之？我观小乘，智慧微浅，犹如盲人，不能分别一切众生根之利钝。'时维摩诘即入三昧，令此比丘自识宿命，曾于五百佛所植众德本，回向阿耨多罗三藐三菩提。即时豁然，还得本心。于是诸比丘，稽首礼维摩诘足。时维摩诘因为说法，于阿耨多罗三藐三菩提不

复退转。我念声闻不观人根,不应说法,是故不任诣
彼问疾。"

注释:

①富楼那弥多罗尼子:为迦毗罗婆苏(今迦毗罗卫)人,净
饭王国师之子,属于婆罗门种姓。佛陀十大弟子之一,擅长义理,
善于说法,故有"说法第一"之誉。

②小乘:意译为"狭小之车乘",指运载狭劣根机者以达到
小果之教法。大、小乘的最主要区别是:大乘倡慈悲普度,小乘
重自我解脱;大乘以成佛为最终目标,小乘追求阿罗汉果、辟支
佛果。详见前注。

译文:

佛陀又对素有"说法第一"之称的富楼那弥多罗尼子说:
"富楼那,你前去维摩诘居士那里探视一下他的病情吧。"

富楼那赶忙回答道:"世尊,到维摩诘居士那里探视他病
情的事情,我恐怕不能胜任。为什么呢?回忆往昔,我曾经在大
森林中的一棵树下,为众多新学佛法的比丘们演说佛法,当时
维摩诘居士来对我说:'喂,富楼那!你应该先入定,观察一下
他们的心意,然后再说法。千万不要把污秽的食物放置于珍
贵的宝器之中,你应当知道这些比丘心中所想;千万不要把无
价的琉璃宝混同于脆贱的水晶球,你既然还不知道众生的根
机差别,就不要教授给他们小乘法门。他们的身体上本来没
有毒疮,不要妄自伤害他们的身体!对于欲行大乘佛道者,就

不要教授他们小乘法! 不要企图把大海容纳于牛蹄印中, 也不要将灼灼日光等同于微弱萤火。富楼那, 这些比丘在很久以前就都已萌发大乘菩提心, 只是由于某种因缘, 中途暂时忘记了自己的心意, 你怎么能用小乘法去教导他们呢? 在我看来, 小乘法智慧微小浅薄, 犹如盲人一样, 不能分别一切众生根机之利钝。'当时, 维摩诘居士迅速进入三昧禅定, 借助其神通力使这些比丘回忆起各自于过去世的种种因缘际遇, 原来他们都曾在过去五百佛住世时广积善德, 并将这些功德回向成就无上正等正觉。众比丘当即豁然开悟, 又重新恢复当初萌发的大乘道心。于是, 众比丘稽首顶礼维摩诘居士, 以头面触其足。其时, 维摩诘居士又向众比丘宣讲了大乘法要, 使他们在追求无上正等正觉的道路上永不退转。世尊, 我想像我这样的声闻小乘众, 不能分辨众生根机智慧之优劣利钝, 看来是不应该再妄加说法了, 所以, 到维摩诘居士那里探视他病情的事情, 我恐怕不能胜任。"

佛告摩诃迦旃延①:"汝行诣维摩诘问疾。"

迦旃延白佛言:"世尊, 我不堪任诣彼问疾。所以者何? 忆念昔者, 佛为诸比丘略说法要, 我即于后敷演其义, 谓无常义、苦义、空义、无我义、寂灭义。时维摩诘来谓我言:'唯, 迦旃延! 无以生灭心行②, 说实相法③。迦旃延! 诸法毕竟不生不灭, 是无常义; 五受阴洞达空无所起④, 是苦义; 诸法究竟无所有, 是空义; 于我无我而不二, 是无我义; 法本不然, 今则无灭, 是

寂灭义。'说是法时，彼诸比丘心得解脱，故我不任诣
彼问疾。"

注释：

①摩诃：梵语音译，"大"之义。迦旃延：古印度阿槃提国
人，婆罗门种姓。佛陀十大弟子之一，擅长论议，敷演道教，称
"论议第一"。

②心行：心理活动。心为念念迁流者，故曰"心行"。

③实相：一切诸法的真实体相，又名"诸法实相"，是佛教
所说的绝对真理。佛教认为，宇宙间一切事物都是因缘和合的
产物，都没有永恒不变的自体，这就是"空"，"空"就是宇宙万有
的"真性"，亦即诸法实相。《大涅槃经》卷四十："无相之相，名
为实相。"《中论·观法品》："诸法毕竟空，不生不灭，名诸法实
相。"实，谓真实。相，谓相状或本性。

④五受阴：亦作"五蕴"，指色、受、想、行、识五蕴。佛教
认为一切众生都是由五蕴和合而成。

译文：

佛陀又对素有"论议第一"之称的大迦旃延说："迦旃延，
你前去维摩诘居士那里探视一下他的病情吧。"

迦旃延赶忙回答说："世尊，到维摩诘居士那里探视他病
情的事情，我恐怕不能胜任。为什么呢？回忆往昔，佛祖曾为
众比丘讲说佛法大要，我就随后详细阐发这些佛法大要的涵

义，其中内容涉及'无常'、'苦'、'空'、'无我'、'寂灭'等义。这时维摩诘居士来对我说：'喂，迦旃延！你不要以生灭分别心行来演说实相法。迦旃延！一切诸法毕竟不生不灭，这才是"无常"的真实义；洞达五蕴本空，无所从起，这才是"苦"的真实义；一切诸法毕竟空无所有，这才是"空"的真实义；"我"与"无我"二而不二，这才是"无我"的真实义；诸法本来就没有生起，现在也无所谓散灭，这才是"寂灭"的真实义。'当维摩诘居士这样说法时，在场诸比丘内心都获得了解脱，所以，到维摩诘居士那里探视他病情的事情，我恐怕不能胜任。"

佛告阿那律①："汝行诣维摩诘问疾。"

阿那律白佛言："世尊，我不堪任诣彼问疾。所以者何？忆念我昔，于一处经行②，时有梵王，名曰严净，与万梵俱，放净光明，来诣我所，稽首作礼问我言：'几何？阿那律天眼所见③。'我即答言：'仁者，吾见此释迦牟尼佛土，三千大千世界，如观掌中庵摩勒果④。'时维摩诘来谓我言：'唯，阿那律！天眼所见，为作相耶？无作相耶？假使作相，则与外道五通等⑤；若无作相，即是无为⑥，不应有见。'世尊，我时默然，彼诸梵闻其言，得未曾有，即为作礼而问曰：'世孰有真天眼者？'维摩诘言：'有佛世尊，得真天眼，常在三昧，悉见诸佛国，不以二相⑦。'于是严净梵王，及其眷属五百梵天，皆发阿耨多罗三藐三菩提心，礼维摩诘足已，忽然不现。故我不任诣彼问疾。"

注释:

①阿那律:古印度迦毗罗卫国之释氏,佛陀的堂弟。佛陀十大弟子之一,因其曾在佛陀说法时睡觉,受佛呵责,遂立誓不眠,而罹眼疾,至于失明,后精进修行,心眼渐开,能见天上地下六道众生,故有"天眼第一"之誉。

②经行:在一定的地方盘旋走动的修行方式,其目的在于避免坐禅时发生昏沉或睡眠,又为养身疗病。

③天眼:"五眼"之一,为色界天人因修禅定而获得能见远近粗细一切诸色之眼。

④庵摩勒果:又称"庵婆罗果",形似槟榔。

⑤外道五通:古印度外道修习禅定而获得的五种神通,即神足通、天眼通、天耳通、他心通、宿命通。

⑥无为:无因缘之造作,即真理的别名。

⑦二相:种种差别对待之相,如有无、男女等。奘译为"不作二相及种种相"。

译文:

佛陀又对有"天眼第一"之称的阿那律说:"阿那律,你前去维摩诘居士那里探视一下他的病情吧。"

阿那律赶忙回答说:"世尊,到维摩诘居士那里探视他病情的事情,我恐怕不能胜任。为什么呢?回忆往昔,我曾经正在某个道场'经行',这时有一位梵天王,名叫严净,与万数梵天一起，身体放射出清净明澈的光芒，来到我修行的场所，向我稽首顶礼，并问我道：'阿那律尊者，你的天眼能看到多大的范围呢？'我当即回答道：'仁者啊，我观看此释迦牟尼佛土的三千大千世界，就如同观看我手掌中的庵摩勒果一样。'这时，维摩诘居士来对我说：'喂，阿那律！你的天眼所看见的景象，究竟是有生灭造作的幻相呢？还是无生灭造作之实相呢？如果是有生灭造作的幻相，那天眼所见与外道五通中的天眼通所见也就一样了；如果是无生灭造作之实相，那就是无为法，而无为法是根本不可能被看见的。'世尊，我当时默然无语，不知道该如何回答，而那些梵天听了维摩诘居士这些话后，闻所未闻，随即向维摩诘居士顶礼，并问道：'世上究竟谁有真正的天眼呢？'维摩诘居士回答说：'释迦牟尼佛便证得了真正的天眼，世尊恒常处于三昧禅定之中，洞见十方世界无量诸佛国土，而不作有无、生灭等等分别对待。'于是，严净梵天王及其眷属五百梵天，都发起无上正等正觉之心，他们顶礼维摩诘居士，以头面触其足，然后就忽然消失了。所以，到维摩诘居士那里探视他病情的事情，我恐怕不能胜任。"

佛告优波离①："汝行诣维摩诘问疾。"

优波离白佛言："世尊，我不堪任诣彼问疾。所以者何？忆念昔者，有二比丘犯律行，以为耻，不敢问佛，来问我言：'唯，优波离！我等犯律，诚以为耻，不敢问佛，愿解疑悔，得免斯咎。'我即为其如法解说。时维摩诘来谓我言：'唯，优波离！无重增此二比丘罪，当直除灭，勿扰其心。所以者何？彼罪性不在内，不在外，不在中间，如佛所说：心垢故众生垢，心净故众生净。心亦不在内，不在外，不在中间。如其心然，罪垢亦然；诸法亦然，不出于如。如优波离以心相得解脱时②，宁有垢不？'我言：'不也。'维摩诘言：'一切众生心相无垢，亦复如是。唯，优波离！妄想是垢，无妄想是净；颠倒是垢，无颠倒是净；取我是垢③，不取我是净。优波离，一切法生灭不住，如幻如电；诸法不相待，乃至一念不住；诸法皆妄见，如梦、如焰、如水中月、如镜中像，以妄想生。其知此者，是名奉律；其知此者，是名善解。'于是二比丘言：'上智哉④！是优波离所不能及，持律之上而不能说⑤。'我答言：'自舍如来，未有声闻及菩萨，能制其乐说之辩。其智慧明达为若此也。'时二比丘，疑悔即除，发阿耨多罗三藐三菩提心，作是愿言：'令一切众生皆得是辩。'故我不任诣彼问疾。"

注释：

①优波离：又作"优婆离"、"邬波离"，意译为"近执"、"近取"，古印度迦毗罗卫国人，首陀罗种姓，曾为宫廷理发师。佛陀十大弟子之一，精于戒律，修持严谨，故有"持律第一"之誉。

②心相：指心的体相，心的清净本体。

③取我：执着于"我"。

④上智：最高的智慧。

⑤持律之上：严持戒律最上者，持戒第一。

译文：

佛陀又对素有"持戒第一"之称的优波离说："优波离，你前去维摩诘居士那里探视一下他的病情吧。"

优波离赶忙回答道："世尊，到维摩诘居士那里探视他病情的事情，我恐怕不能胜任。为什么呢？回忆往昔，有两个比丘犯了戒律，自己感到羞耻，不敢去问佛祖应该怎样忏悔消罪，便来问我说：'喂，优波离尊者！我俩触犯了戒律，实在觉得十分羞耻，不敢请佛祖明示应该怎样忏悔消罪，希望您能解除我们的疑惑和悔恨，使我们免除罪过。'我随即按照佛教戒律为他们解说应该怎样忏悔消罪。这时维摩诘居士来对我说：'喂，优波离！你不要再进一步增加这两位比丘的罪过了，你应该直接清除他们的负罪感，而不要再去扰乱他们的心。为什么呢？他们所犯罪过的本质既不在心内，也不在心外，同时也不在内外之间，这正如佛祖所说：因为心中有污垢罪孽，所以众生才有污垢罪孽；因为心中清净无染，所以众生也就清净无染。心的本质同样也是既不在内，也不在外，同时又不在内外之间。如同他们心的本质是既非内亦非外，同时不在内外之间一样，罪垢的本质也是如此；一切诸法的本质也都是这样，都无非是真如实相的体现。正如你优波离，当你以清净心体获得解脱时，此本来清净之心还有染垢吗？'我赶忙回答说：'不会再有染垢了。'维摩诘居士接着说：'一切众生心体本来清净无垢，也是这样的。喂，优波离！妄想是污垢，无妄想是清净；颠倒是污垢，无颠倒是清净；执着于我相是污垢，不执着于我相是清净。优波离，一切诸法生灭流变，念念不住，如同幻影，如同闪电；一切诸法生灭流变不待众缘，以至连一念刹那的瞬间亦不停驻；一切诸法都是人们虚妄之见，如同幻境，如同阳焰，如同水中月，如同镜中映像，都是由于众生的妄想分别而产生。懂得了这个道理，才能称为是真正的奉持戒律者；懂得了这个道理，才能称为是最善于解释佛教戒律者。'于是，那两位比丘感叹地说：'这才是上上智慧啊！这是优波离所不能企及的，他虽然是"持戒第一"，但却说不出这种高深的道理。'我随即回答说：'除了如来世尊之外，没有哪位声闻弟子或其他大乘菩萨能够抗衡维摩诘居士的无碍辩才。维摩诘居士的智慧明达已经达到了这样的境界。'当时，那两个比丘迅即消除了疑惑和悔恨，并发起无上正等正觉之心，还立下誓愿：'愿一切众生都能得维摩诘居士这样的无碍辩才。'所以，到维摩诘居士那里探视他病情的事情，我恐怕不能胜任。"

佛告罗睺罗①："汝行诣维摩诘问疾。"

罗睺罗白佛言："世尊，我不堪任诣彼问疾。所以者何？忆念昔时，毗耶离诸长者子，来诣我所，稽首作礼，问我言：'唯，罗睺罗，汝佛之子，舍转轮王位②，出家为道。其出家者，有何等利？'我即如法为说出家功德之利。时维摩诘来谓我言：'唯，罗睺罗！不应说出家功德之利。所以者何？无利无功德，是为出家。有为法者③，可说有利有功德；夫出家者，为无为法，无为法中，无利无功德。罗睺罗，夫出家者，无彼无此，亦无中间，离六十二见④，处于涅槃；智者所受，圣所行处；降伏众魔，度五道⑤，净五眼⑥，得五力⑦，立五根⑧；不恼于彼，离众杂恶；摧诸外道，超越假名⑨；出淤泥，无系著；无我所，无所受，无扰乱；内怀喜，护彼意；随禅定，离众过。若能如是，是真出家。'于是维摩诘语诸长者子：'汝等于正法中，宜共出家。所以者何？佛世难值。'诸长者子言：'居士，我闻佛言，父母不听，不得出家。'维摩诘言：'然。汝等便发阿耨多罗三藐三菩提心，是即出家，是即具足。'尔时，三十二长者子皆发阿耨多罗三藐三菩提心。故我不任诣彼问疾。"

注释：

①罗睺罗：又作"罗怙罗"，意为覆障、障月，佛陀之子。佛陀十大弟子之一，素称"密行第一"。

②转轮王：又作"转轮圣王"，意为转动宝轮统驭四方的圣王。据说佛陀若不出家，当做转轮圣王，统治四天下；罗睺罗若不出家，则统治一天下。

③有为法：指因缘和合而生的一切理法。

④六十二见：指外道的六十二种见解。

⑤五道：指地狱道、饿鬼道、畜生道、人道、天道。梵文版本、奘译本为"超越五趣"。

⑥五眼：指肉眼（肉身凡夫之眼）、天眼（天人修行禅定所

得之眼）、慧眼（二乘洞见真空无相之眼）、法眼（菩萨彻见世间出世间一切法门之眼）、佛眼（如来之眼，能无所不知，无所不见之眼）。

⑦五力：指五种能维持修行、达到解脱的坚固力量，即信力、精进力、念力、定力、慧力。

⑧五根：指信根、精进根、念根、定根、慧根。

⑨假名：虚假的名称。名，指名称概念。假，谓方便设施，虚假不实。

译文：

佛陀又对素有"密行第一"之称的罗睺罗说："罗睺罗，你前去维摩诘居士那里探视一下他的病情吧。"

罗睺罗赶忙回答道："世尊，到维摩诘居士那里探视他病情的事情，我恐怕不能胜任。为什么呢？回忆往昔，毗耶离城中的众多长者子来到我的居所，向我稽首顶礼，并问我道：'喂，罗睺罗，你是佛祖之子，舍弃了转轮圣王的王位，出家修道。那么，出家修道究竟有什么好处呢？'我即依照佛法为他们演说出家修道的功德利益。这时，维摩诘居士来对我说：'喂，罗睺罗！你不应该对他们演说出家修道的功德利益。为什么呢？没有利益，没有功德，这才是真正的出家。对于有为法而言，可以说有利益，有功德；而出家却是无为法，无为法则没有利益，没有功德。罗睺罗，真正的出家修道者，既不执着于彼，也不执着于此，亦不执着于彼此之间，远离六十二种邪见，处于涅槃境界；这是一切智者圣贤所受持和奉行的正法；真正的出家修道者,能够降伏众魔,超度五道众生,清净五眼,证获五力,安立五根;真正的出家修道者,不为世间的烦恼所缠缚,远离一切恶念恶行;真正的出家修道者,能够摧毁一切外道邪说,超越一切假名设施;真正的出家修道者,出离生死烦恼的淤泥,无所系着;没有我,也没有我之所有,舍弃了对一切主客观的执着,无所感受与执取,心境自然平静而不为外界所扰乱;真正的出家修道者,内心怀着道法充满的喜悦,恒常随顺众生的心意;行住坐卧皆在定中,远离一切过失。如果能做到这样,才是真正的出家。'于是,维摩诘居士对诸位长者子说:'你们正值佛住世的正法时期,应该一起出家修道。为什么呢?因为佛陀住世的时代难以遇到啊。'诸位长者子说道:'居士,我们曾听佛祖说过,如果父母不同意,不得出家。'维摩诘居士回答说:'确实是这样。你们发起无上正等正觉之心,便就是出家了,便就是道行、戒行具足了。'当时,三十二位长者子皆发起了无上正等正觉之心。所以,到维摩诘居士那里探视他病情的事情,我恐怕不能胜任。"

佛告阿难①:"汝行诣维摩诘问疾。"

阿难白佛言:"世尊,我不堪任诣彼问疾。所以者何?忆念昔时,世尊身小有疾,当用牛乳,我即持钵,诣大婆罗门家门下立,时维摩诘来谓我言:'唯,阿难!何为晨朝持钵住此?'我言:'居士,世尊身小有疾,当用牛乳,故来至此。'维摩诘言:'止,止,阿难!莫作是语。如来身者,金刚之体,诸恶已断,众善普会,当有何疾?当有何恼?默往,阿难!勿谤如来,莫使异人闻此粗言,无令大威德诸天及他方净土诸来菩萨得闻斯语。阿难,转轮圣王,以少福故,尚得无病,岂况如来无量福会,普胜者哉! 行矣,阿难! 勿使我等受斯耻也。外道梵志若闻此语②,当作是念:何名为师? 自疾不能救,而能救诸疾人? 可密速去,勿使人闻。当知,阿难! 诸如来身,即是法身,非思欲身③。佛为世尊,过于三界;佛身无漏④,诸漏已尽;佛身无为,不堕诸数⑤。如此之身,当有何疾?'时我,世尊! 实怀惭愧,得无近佛而谬听耶? 即闻空中声曰:'阿难,如居士言。但为佛出五浊恶世⑥,现行斯法,度脱众生。行矣,阿难! 取乳勿惭。'世尊,维摩诘智慧、辩才为若此也,是故不任诣彼问疾。"

注释:

①阿难:全称"阿难陀",意译为"欢喜"、"庆喜",佛陀之堂弟。佛陀十大弟子之一,随侍佛陀二十余年,因多闻善记,故有"多闻第一"之誉。

②梵志:有三种含义:一、修习梵天之法,志求生于梵天的人;二、在家的婆罗门;三、指一切外道出家人。这里是指第三种意思。

③思欲身:三界之中有形的肉身。

④无漏:"漏"即烦恼,"无漏"乃离烦恼得清净之意。

⑤数:指有分别、有限量的有情世界。

⑥五浊恶世:我们所居住的娑婆世界。五浊,减劫(人类

寿命次第减短的时代）中所起的五种滓浊，即劫浊、见浊、烦恼浊、众生浊、命浊。

译文：

佛陀又对素有"多闻第一"之称的阿难说："阿难，你前去维摩诘居士那里探视一下他的病情吧。"

阿难赶忙回答道："世尊，到维摩诘居士那里探视他病情的事情，我恐怕不能胜任。为什么呢？回忆往昔，世尊曾经身患小疾，需要饮用牛乳，于是我到一处大婆罗门家门前，持钵站立，这时，维摩诘居士前来对我说：'喂，阿难！你一大早就拿着饭钵站在这里干什么呢？'我回答道：'居士，世尊身有小疾，需要饮用牛乳，所以我一大早就来到这里化缘。'维摩诘居士道：'停，停，阿难！不要说这样的话，如来之身乃是金刚不坏之体，诸恶已经断尽，众善普会，哪有什么疾病？哪有什么烦恼呢？闭嘴走开吧，阿难！不要毁谤如来，不要让外道异端听到你这种粗陋的话，不要让具有大威德的诸天以及从他方净土来的诸位菩萨听到这种话。阿难，转轮圣王仅凭微少的善根福报，尚且不会生病，何况如来具有无量福德，超过三界一切贤圣呢！赶快走开吧，阿难！不要让我们蒙受这样的耻辱。如果外道梵志听到这样的话，他们就会这样想：如来怎能称为一切众生的导师呢？自己有病尚且不能自救，又怎能去救度患病的众生呢？赶快悄悄地回去吧，不要让人听到这些话。阿难，你应当知道！诸如来身，就是法身，而不是三界有形的思欲身。佛祖为世间至尊，超过三界一切众生；佛身没有一切烦恼，种种烦恼早已断尽；佛身乃是无为之法，不会堕入生死之境。像这样的身体，还会有什么疾病呢？'世尊！当时我听了维摩诘居士的那些话后，深感惭愧，难道是我平时随侍佛祖身边而听错了话吗？随即我听到空中有一个声音说：'阿难，事实正如维摩诘居士所说的一样。只是因为佛祖现身于五浊恶世之中，为了方便救度众生，才显现出与众生一样的形象。走吧，阿难！你尽可取乳回去，不必感到惭愧。'世尊，维摩诘居士的智慧、辩才达到了如此高深的境界，所以，到维摩诘居士那里探视他病情的事情，我恐怕不能胜任。"

如是五百大弟子，各各向佛说其本缘①，称述维摩诘所言，皆曰不任诣彼问疾。

注释：

①本缘：本来之因缘，指本来的身世因缘或事情的来龙去脉。

译文：

就这样，当时在座的五百大弟子，都各自向佛陀叙说了自己过去遭遇维摩诘的一些经历，称赞转述维摩诘所说的话，都说到维摩诘那里探视他病情的事情，恐怕不能胜任。

菩萨品第四

　　佛陀又遣弥勒、光严童子、持世、善德等大乘诸菩萨前去探视维摩诘，众菩萨亦以自己之道行、境界不及维摩诘而不敢前去问疾，皆辞不堪前往。

　　在本品中，维摩诘开导弥勒菩萨，从实相的角度来看，佛与众生是平等无二的，"诸佛知一切众生毕竟寂灭，即涅槃相"，"一切众生皆如也，一切法亦如也"，故众生皆如，众生与佛本无差别；维摩诘开示光严童子，菩萨说法教化众生，并非局限于特定的场所，真正的道场应该无处不在，菩萨所行处，无非道场；又，菩萨教化众生，要上至自在天宫，下至淫舍魔窟等无处不去，要使五欲具备者，都能成为菩萨，故维摩诘教化天女，使乐法乐，又向她们讲述了"无尽灯法门"，使成为菩萨者，再去普度其他一切众生，如是重重无尽，度尽一切众生；维摩诘劝告善德，"法施"为诸布施之首，高于其他一切布施，是度脱众生的根本法门，因此当为法施之会，供养一切众生。

　　于是佛告弥勒菩萨①："汝行诣维摩诘问疾。"
　　弥勒白佛言："世尊，我不堪任诣彼问疾。所以者何？忆念我昔，为兜率天王及其眷属说不退转地之行②，时维摩诘来谓我言：'弥勒，世尊授仁者记，一生当得阿耨多罗三藐三菩提，为用何生得受记乎③？过去耶？未来耶？现在耶？若过去生，过去生已灭；若未来生，未来生未至；若现在生，现在生无住。如佛所说：比丘，汝今即时，亦生、亦老、亦灭。若以无生得受记者，无生即是正位④，于正位中，亦无受记，亦无得阿耨多罗三藐三菩提。云何弥勒受一生记乎？为从如生得受记耶？为从如灭得受记耶？若以如生得受记者，如无有生；若以如灭得受记者，如无有灭。一切众生皆如也，一切法亦如也，众圣贤亦如也，至于弥勒亦如也。若弥勒得受记者，一切众生亦应受记。所以者何？夫如者，不二不异。若弥勒得阿耨多罗三藐三菩提者，一切众生皆亦应得。所以者何？一切众生，即菩提相⑤。若弥勒得灭度者，一切众生亦当灭度。所以者何？诸佛知一切众生毕竟寂灭，即涅槃相，不复更灭。是故，弥勒无以此法诱诸天子，实无发阿耨多罗三藐三菩提心者，亦无退者。

"'弥勒，当令此诸天子⑥，舍于分别菩提之见。所以者何？菩提者，不可以身得，不可以心得。寂灭是菩提，灭诸相故⑦；不观是菩提，离诸缘故；不行是菩提，无忆念故；断是菩提，舍诸见故；离是菩提，离诸妄想故；障是菩提，障诸愿故；不入是菩提，无贪著故；顺是菩提，顺于如故；住是菩提，住法性故；至是菩提，至实际故；不二是菩提，离意法故；等是菩提，等虚空故；无为是菩提，无生住灭故；知是菩提，了众生心行故；不会是菩提，诸入不会故；不合是菩提，离烦恼习故；无处是菩提，无形色故；假名是菩提，名字空故；如化是菩提，无取舍故；无乱是菩提，常自静故；善寂是菩提，性清净故；无取是菩提，离攀缘故；无异是菩提，诸法等故；无比是菩提，无可喻故；微妙是菩提，诸法难知故。'世尊，维摩诘说是法时，二百天子得无生法忍，故我不任诣彼问疾。"

注释：

①弥勒：梵语音译，意译"慈氏"，"慈"为姓，其名"阿逸多"，因其历劫以来修习慈心三昧，以慈心教化众生，故又称"慈氏菩萨"。弥勒是佛陀的弟子，先于佛陀灭度，居于兜率天宫，在其寿命尽时（天寿四千岁，约人间五十六亿七千万年），将下生此世界，成佛于龙华树下，故其被称为"一生补处菩萨"（一生即可成佛的菩萨），又称"弥勒佛"。弥勒信仰主要包括上生信仰与下生信仰。所谓上生信仰，是指上生到兜率净土，弥勒上生到兜率天宫后，众生皆可发愿到此。所谓的下生信仰，就是弥勒菩萨于娑婆时间五十六亿七千万年，下生娑婆世界成佛，龙华树下讲法三次，度脱无量众生，建立人间的净土世界。《弥勒上生经》说："阎浮提人岁数，五十六亿万岁，尔乃下生阎浮提，示成正觉，应化人间，使成净土。"

②兜率天：为欲界的第四天，乃弥勒菩萨所居处，修兜率净土者，日后便能往生兜率天。不退转地之行：获得不退转地的修行。不退转地，即无生法忍，菩萨所修十地之一。《大智度论》卷

五十:"无生法忍者,于无生灭诸法实相中信受、通达、无碍、不退,是名无生法忍。"

③受记:指从佛陀那里得到未来证果或成佛的预言、记别。

④正位:小乘所证的无为涅槃。僧肇《注维摩诘经》卷五:"正位,取证之位也。三乘同观无生。慧力弱者不能自出,慧力强者超而不证也。"罗什说:"实相常定故名正位。"(卷四)"观无生是取证法,不入正位明不证也。"(卷五)慧远《维摩义记》卷三:"声闻见证无为涅槃为入正位。"

⑤菩提相:觉悟的相状、境界。菩提,意为觉悟、智慧、佛道。

⑥天子:指天界之男子。

⑦灭诸相故:奘译为"一切有情、一切众生皆寂灭故",更易理解。

译文:

于是,佛陀对弥勒菩萨说:"弥勒,你前去维摩诘居士那里探视一下他的病情吧。"

弥勒菩萨回禀佛陀说:"世尊,到维摩诘居士那里探视他病情的事情,我恐怕不能胜任。为什么呢? 回忆往昔,我曾经为兜率天天王及其眷属演说如何修行,才能成就菩萨不退转地,这时维摩诘居士来对我说:'弥勒,世尊曾为仁者你授记,预言你再过一生即可证得无上正等正觉,那么,你得到受记是哪一生呢? 是过去生? 是未来生? 还是现在生呢? 如果是过去生,那么过去生已经消逝了;如果是未来生,那么未来生还没有来到；如果是现在生，那么现在生刹那不住。正如佛祖所说：比丘啊，你就在当下的此刻，即处于亦生亦老亦灭的变化之中。如果你是以无生获得受记，无生本身即是正位，既已处于正位之中，则不会有受记这种事情，也不会证得无上正等正觉。为什么说弥勒菩萨你曾受记一生即可证得无上正等正觉呢？此受记是从真如生而得呢？还是从真如灭而得呢？如果是从真如生而得到受记，真如本无有生；若是从真如灭而得到受记，真如本无有灭。一切众生都是真如的体现，一切诸法也都是真如的体现，一切贤圣也都是真如的体现，至于弥勒菩萨你也是真如的体现。如果说弥勒菩萨你得到受记，一切众生也应该得到受记。为什么呢？因为真如是不二的，无有差异。如果弥勒菩萨你证得无上正等正觉，一切众生亦应证得无上正等正觉。为什么呢？因为一切众生皆有佛性。如果弥勒菩萨你得灭度，一切众生也应当得灭度。为什么呢？诸佛知道一切众生本性寂灭，皆具涅槃相，也就不必再证入涅槃。所以，弥勒菩萨，你不要以所谓的不退转地之行去引诱诸位天子，实际上，没有发起无上正等正觉之心者，也没有退转无上正等正觉之心者。

"‘弥勒菩萨，你应当让诸位天子舍弃对菩提的分别之见。为什么呢？所谓菩提，是不可以用色身求得，也不可以用分别心求得。寂灭是菩提，因为一切有情、一切法相本性寂灭的缘故；不观是菩提，因为远离了一切因缘对待的缘故；不行是菩提，因为没有一切作意起念的缘故；断灭是菩提，因为舍弃了一切虚妄邪见的缘故；远离是菩提，因为远离了种种妄想的缘故；障蔽是菩提，因为障蔽了一切欲望愿求的缘故；不入是菩提,因为没有贪恋执着的缘故;随顺是菩提,因为随顺于真如的缘故;安住是菩提,因为安住于万法真性的缘故;到达是菩提,因为到达于真如实际的缘故;不二是菩提,因为舍弃了意与法分别对待的缘故;等同是菩提,因为等同于虚空的缘故;无为是菩提,因为没有生、住、异、灭的缘故;智慧是菩提,因为了知一切众生心行的缘故;不会是菩提,因为内外六入不相会聚的缘故;不合是菩提,因为远离一切烦恼习气的缘故;无处是菩提,因为没有一切形色质碍的缘故;假名是菩提,因为名字自性本空的缘故;如化是菩提,因为无所取无所舍的缘故;无乱是菩提,因为恒常寂静的缘故;善寂是菩提,因为自性常清净的缘故;无取是菩提,因为远离一切攀缘的缘故;无异是菩提,因为一切诸法等无差异的缘故;无比是菩提,因为诸法等同,无可比喻的缘故;微妙是菩提,因为一切诸法难以了知的缘故。'世尊,当维摩诘居士这样说法之时,二百天子证得无生法忍,所以,到维摩诘居士那里探视他病情的事情,我恐怕不能胜任。"

佛告光严童子①:"汝行诣维摩诘问疾。"

光严白佛言:"世尊,我不堪任诣彼问疾。所以者何?忆念我昔,出毗耶离大城,时维摩诘方入城,我即为作礼而问言:'居士,从何所来?'答我言:'吾从道场来②。'我问:'道场者何所是?'答曰:'直心是道场,无虚假故;发行是道场,能办事故;深心是道场,增益功德故;菩提心是道场,无错谬故;布施是道场,不望报故;持戒是道场,得愿具故;忍辱是道场,于诸众生心无碍故；精进是道场，不懈怠故；禅定是道场，心调柔故；智慧是道场，现见诸法故；慈是道场，等众生故；悲是道场，忍疲苦故；喜是道场，悦乐法故；舍是道场，憎爱断故；神通是道场，成就六通故③；解脱是道场，能背舍故④；方便是道场，教化众生故；四摄是道场⑤，摄众生故；多闻是道场，如闻行故；伏心是道场，正观诸法故；三十七品是道场，舍有为法故；四谛是道场⑥，不诳世间故；缘起是道场，无明乃至老死皆无尽故⑦；诸烦恼是道场⑧，知如实故；众生是道场，知无我故；一切法是道场，知诸法空故；降魔是道场，不倾动故；三界是道场，无所趣故；师子吼是道场，无所畏故；力、无畏、不共法是道场，无诸过故；三明是道场，无余碍故；一念知一切法是道场⑨，成就一切智故。如是，善男子，菩萨若应诸波罗蜜教化众生，诸有所作，举足下足，当知皆从道场来，住于佛法矣。'说是法时，五百天人，皆发阿耨多罗三藐三菩提心，故我不任诣彼问疾。"

注释：

①光严童子：以大光明庄严身心的童子。童子，指青少年。

②道场：原指佛成道之处，后泛指修习佛法的场所。

③六通：指六神通，即天眼通、天耳通、宿命通、神足通、他心通、漏尽通。

④背舍：指"八背舍"。背舍，"解脱"之异名，意谓舍去贪

着与烦恼。

　　⑤四摄：指四摄法，即布施摄、爱语摄、利行摄、同事摄。

　　⑥四谛：佛教的四个真理。谛，真理义。详见前注。别译本为"谛"，奘译本为"一切谛实是妙菩提"。罗什注曰："小乘中说四谛，大乘中说一谛。今言谛是则一谛。一谛实相也。"小乘佛教讲四谛，即苦、集、灭、道，大乘佛教重诸法实相，亦称"一谛"。

　　⑦无明乃至老死：即"十二因缘"，是佛教为解释现实人生痛苦的原因以及消除人生痛苦的方法而构建的一种理论。佛教认为众生都是一个念念不住的流转过程，分为彼此互为条件或因果联系的十二个环节，即无明、行、识、名色、六处、触、受、爱、取、有、生、老死。"十二因缘"与过去、现在、未来三世的轮回说联系在一起，即成"三世两重因果"：无明与行为"过去因"，识、名色、六处、触、受为"现在果"；爱、取、有为"现在因"，生、老死则为"未来果"。

　　⑧诸烦恼：梵文本、奘译本为"息诸烦恼"。

　　⑨一念知一切法：一念觉知一切世间出世间诸法。罗什说："二乘以三十四心成道，大乘中唯以一念则豁然大悟，具一切智也。"（《注维摩诘经》卷四）

译文：

　　佛陀又对光严童子说："你前去维摩诘居士那里探视一下他的病情吧。"

　　光严童子回禀佛陀说："世尊，到维摩诘居士那里探视他病情的事情，我恐怕不能胜任。为什么呢？回忆往昔，有一次，我出毗耶离大城，这时维摩诘居士正好入城，我便向他施礼并问道：'维摩诘居士，您从哪里来呢？'维摩诘居士回答说：'我从道场来。'我又问：'道场在哪里呢？'他回答道：'直心是道场，因为质直而不虚假的缘故；发行是道场，因为发心修行能够成就善业的缘故；深心是道场，因为深厚坚固之心能够增益功德的缘故；菩提心是道场，因为智慧之心不会犯错误的缘故；布施是道场，因为真正的布施不期望回报的缘故；持戒是道场，因为持戒清净一切誓愿均得满足的缘故；忍辱是道场，因为对于一切众生心无罣碍的缘故；精进是道场，因为精进修行永不懈怠的缘故；禅定是道场，因为调伏自心使其柔顺的缘故；智慧是道场，因为显现一切诸法之真实相状的缘故；慈是道场，因为平等对待一切众生的缘故；悲是道场，因为忍受疲劳痛苦去救度众生的缘故；喜是道场，因为乐在法中的缘故；舍是道场，因为舍弃了爱憎感情的缘故；神通是道场，因为成就了六种神通的缘故；解脱是道场，因为舍弃了一切烦恼业障的缘故；方便是道场，因为能随缘教化一切众生的缘故；四摄是道场，因为能摄化一切众生的缘故；多闻是道场，因为能如闻而行，由闻思修而入三摩地的缘故；伏心是道场，因为能调伏妄心，正观诸法的缘故；三十七道品是道场，因为能舍弃一切有为法的缘故；四谛是道场，因为展示佛法真谛而不欺诳世间众生的缘故；缘起是道场，因为可以明白无明至老死都是缘起无尽的缘故；诸烦恼是道场，因为由此可以体悟真如实相的缘故；众生是道场，因为由此可知一切众生乃是五蕴和合之假相，无我无自性的缘故；一切法是道场，因为由此可知一切诸法自性本空的缘故；降魔是道场，因为一切魔怨不能倾动道心的缘故；三界是道场，因为成道不在三界之外，远离一切所趣的缘故；狮子吼是道场，因为无所畏惧的缘故；力、无畏、不共法是道场，因为远离一切过失，无可指责的缘故；三明是道场，因为彻底断灭一切烦恼，扫除一切障碍的缘故；一念知一切法是道场，因为圆满成就一切智智的缘故。就像这样，善男子，你应当知道，菩萨如果能够依据诸波罗蜜教化众生，那么，其一切所作所为，举手投足都是从道场而来，皆安住于佛法之中。'当维摩诘居士这样演说佛法时，五百天人都发起无上正等正觉之心，所以，到维摩诘居士那里探视他病情的事情，我恐怕不能胜任。"

佛告持世菩萨①："汝行诣维摩诘问疾。"

持世白佛言："世尊，我不堪任诣彼问疾。所以者何？忆念我昔，住于静室，时魔波旬②，从万二千天女③，状如帝释④，鼓乐弦歌，来诣我所。与其眷属，稽首我足，合掌恭敬于一面立。我意谓是帝释，而语之言：'善来，憍尸迦⑤！虽福应有，不当自恣；当观五欲无常⑥，以求善本；于身命财，而修坚法。'即语我言：'正士⑦，受是万二千天女，可备扫洒。'我言：'憍尸迦，无以此非法之物，要我沙门释子⑧，此非我宜。'所言未讫，时维摩诘来谓我言：'非帝释也，是为魔来，娆固汝耳。'即语魔言：'是诸女等，可以与我，如我应受。'魔即惊惧，念：维摩诘，将无恼我？欲隐形去，而不能隐，尽其神力，亦不得去。即闻空中声曰：'波旬，以女与之，乃可得去。'魔以畏故，俛仰而与⑨。

"尔时，维摩诘语诸女言：'魔以汝等与我，今汝皆当发阿耨多罗三藐三菩提心。'即随所应而为说法，令发道意⑩。复言：'汝等已发道意，有法乐可以自娱⑪，不应复乐五欲乐也⑫。'天女即问：'何谓法乐？'答言：'乐常信佛；乐欲听法；乐供养众；乐离五欲；乐观五阴如怨贼；乐观四大如毒蛇；乐观内入如空聚；乐随护道意；乐饶益众生；乐敬养师；乐广行施；乐坚持戒；乐忍辱、柔和；乐勤集善根；乐禅定不乱；乐离垢明慧；乐广菩提心；乐降伏众魔；乐断诸烦恼；乐净佛国土；乐成就相好故，修诸功德；乐庄严道场；乐闻深法不畏；乐三脱门⑬，不乐非时⑭；乐近同学⑮；乐于非同学中，心无恚碍；乐将护恶知识⑯；乐亲近善知识；乐心喜清净；乐修无量道品之法。是为菩萨法乐。'

"于是波旬告诸女言：'我欲与汝，俱还天宫。'诸女言：'以我等与此居士，有法乐，我等甚乐，不复乐五欲乐也。'魔言：'居士，可舍此女？一切所有施于彼者，是为菩萨。'维摩诘言：'我已舍矣，汝便将去，令一切众生，得法愿具足。'于是诸女问维摩诘：'我等云何止于魔宫？'维摩诘言：'诸姊，有法门名无尽灯⑰，汝等当学。无尽灯者，譬如一灯然百千灯，冥者皆明，明终不尽。如是,诸姊!夫一菩萨开导百千众生,令发阿耨多罗三藐三菩提心,于其道意,亦不灭尽;随所说法,而自增益一切善法,是名无尽灯也。汝等虽住魔宫,以是无尽灯令无数天子天女,发阿耨多罗三藐三菩提心者,为报佛恩,亦大饶益一切众生。'尔时,天女头面礼维摩诘足,随魔还宫,忽然不现。世尊,维摩诘有如是自在神力、智慧、辩才,故我不任诣彼问疾。"

注释:

①持世菩萨:亦称"宝雨菩萨",能广作布施,护持救济世间众生。

②魔波旬:亦作"波旬",意为杀生、恶者,欲界第六天他化自在天的魔王。

③天女:欲界天中的女子。此指欲界第六天他化自在天中的女子。

④帝释:即天帝,忉利天之主神。

⑤憍(jiāo)尸迦:帝释天的姓氏。

⑥五欲:指对色、声、香、味、触五境的贪着、欲求。

⑦正士:指追求正道的大士,"菩萨"之异称。

⑧要:同"邀",引诱。释子:指佛门弟子。

⑨俛(fǔ)仰:多义词,意为低头抬头、身体屈伸、俯视仰望、应付周旋、时间短暂等。这里"俛仰"意为犹豫踌躇。俛,低头。仰,举首。

⑩道意:追求正道的意愿,即发起求无上正等正觉之心。

⑪法乐：指修习佛法而获得的快乐。

⑫五欲乐：指从色、声、香、味、触五境中所获得的世俗贪欲之乐。

⑬三脱门：亦作"三解脱门"，即三种证入涅槃而获得解脱的法门。一、空解脱门，谓了达诸法本空，皆无自性，则于诸法而得自在。二、无相解脱门，谓了知诸法本来无相，则离差别相而得自在。三、无愿解脱门，又作"无作解脱门"，谓知诸法幻有而无所愿求；无所愿求，则不造作生死之业；无生死之业，则无果报之苦而得自在。

⑭非时：指不应该在某时做某事。这里指在修行尚未圆满时便以小乘法门证取小乘果位。僧肇《注维摩诘经》卷四："二乘入三脱门不尽其极，而中路取证，谓之非时。此大士之所不乐也。"

⑮同学：指与自己一起修习大乘佛法的同道。

⑯恶知识：即坏朋友，指无益于修行的朋友。知识，指朋友。下文"善知识"则指好朋友。

⑰无尽灯："灯"喻佛法，灯灯相燃，无穷无尽；佛法辗转承续，流布无穷，永不断绝。

译文：

佛陀又对持世菩萨说："你前去维摩诘居士那里探视一下他的病情吧。"

持世菩萨回禀佛陀道："世尊，到维摩诘居士那里探视他病情的事情，我恐怕不能胜任。为什么呢？回忆往昔，我曾经在静室之中修习禅定,当时魔王波旬带着一万二千名天女,化作帝释的形相,在鼓乐弦歌之中来到我的居所。魔王波旬和他的眷属稽首顶礼我足,随后恭敬地站在一旁,双手合十。我误以为他是帝释天王,就对他说:'欢迎你,憍尸迦!虽然这是你应得的大福报,但你也不应该如此放纵自己啊;应该知道,色、声、香、味、触等欲望是幻化无常的,由此而求得善本;从世俗的色身、性命、财富之中,修得法身、慧命、法财这些坚实不坏之法。'于是,魔王波旬对我说:'正士,请接受这一万二千名天女,她们可以洒扫庭院,侍奉左右。'我赶忙说:'憍尸迦,不要用这种不合佛法的东西,来引诱我这沙门释子,这不适合我。'话音未落,维摩诘居士突然来到,并对我说:'他不是帝释啊,而是来扰乱你修行的魔王波旬。'维摩诘居士随即对魔王波旬说:'这些天女,可以都给我,像我这样的在家白衣可以接受。'当下魔王波旬大为惊惧,心里在想:难道维摩诘居士要对我发怒?于是,就想隐形逃走,但却无法隐形,使尽所有神力也无法逃走。这时,听到空中有一个声音说:'波旬,你把天女给维摩诘居士,才能从这里离开。'魔王波旬由于十分畏惧,就十分恭敬地把那些天女送予维摩诘居士。

"其时,维摩诘居士对那些天女说:'魔王波旬把你们送给了我,现在你们都应当发起无上正等正觉之心。'随即根据这些天女各自的根机而为她们演说佛法,使她们皆发求道之意。接着,维摩诘居士又对她们说:'既然你们都已经发起求道之意,自有法乐可以自娱,不应当沉迷于五欲之乐。'那些天女便问:'什么是法乐呢?'维摩诘居士回答道:'所谓法乐,就是以

恒常信佛为乐；以听闻佛法为乐；以供养僧众为乐；以脱离五欲
为乐；以观"五蕴"如怨贼为乐；以观"四大"如毒蛇为乐；以观
眼、耳、鼻、舌、身、意内六入如空荒聚落为乐；以随时护持求道
之意为乐；以利益众生为乐；以恭敬供养师长为乐；以广行布施
为乐；以坚定持戒为乐；以忍辱、柔和为乐；以勤植善根为乐；
以禅定摄心不乱为乐；以远离垢染明达智慧为乐；以广大菩提心
为乐；以降伏众魔为乐；以断除一切烦恼惑障为乐；以成就清
净佛土为乐；以广修各种功德善行而成就相好庄严为乐；以庄
严道场为乐；以听闻精深微妙的佛法而不惊恐畏惧为乐；以修
习三解脱门为乐，而满足于在修行途中以小乘法门证得道果；
以亲近修习佛法的同道为乐；以在非同道之中，而心无瞋恚垩碍
为乐；以帮助、爱护恶知识为乐；以亲近善知识为乐；以喜爱清
净为乐；以修习无量种种成就菩提的道法为乐。凡此诸乐，就
是菩萨法乐。'

　　"于是，魔王波旬对众天女说：'我想与你们一同返回天
宫。'众天女说：'你已经将我们送给这位居士，现在我们享有
法乐，都感受到极大的快乐，不再沉迷于五欲之乐。'魔王波旬
说：'居士，你舍弃这些天女吧。若能将一切都慷慨地施予他
人的人，这才是菩萨大士啊！'维摩诘居士说：'我已经舍弃了，
你可以带她们走了，愿使一切众生求法的愿望都能获得满足。'
于是，众天女问维摩诘居士：'我们今后居住在魔宫，应该如何
修行呢？'维摩诘居士对众天女说：'诸位姊妹，有一种法门名
叫无尽灯法门，你们应当修学。所谓无尽灯法门，譬如以一盏
灯点亮百千盏灯，一切冥暗之处都被照亮，灯灯相照，光明永远

不会终尽,而它本身的亮光也不会减损。就是这样,诸位姊妹!菩萨教化众生也是这样,一位菩萨开导了百千众生,令他们发起无上正等正觉之心,而这位菩萨自己的菩提心终无有尽,也不会减损;而且会随着其演说佛法而自行增益一切善法,这就叫做无尽灯法门。你们虽然住在魔宫,却能以这种无尽灯法门使无数天子天女发起无上正等正觉之心,如此既能报答了佛恩,又能极大地饶益一切众生。'其时,众天女以头面顶礼维摩诘居士足,然后随魔王返回魔宫,倏忽之间就消失不见。世尊,维摩诘居士有这样的自在神力和智慧辩才,所以,到维摩诘居士那里探视他病情的事情,我恐怕不能胜任。"

佛告长者子善德①:"汝行诣维摩诘问疾。"

善德白佛言:"世尊,我不堪任诣彼问疾。所以者何?忆念我昔,自于父舍设大施会②,供养一切沙门、婆罗门及诸外道、贫穷下贱、孤独乞人。期满七日,时维摩诘来入会中,谓我言:'长者子! 夫大施会不当如汝所设。当为法施之会,何用是财施会为?'我言:'居士,何谓法施之会?''法施会者,无前无后,一时供养一切众生,是名法施之会。'曰:'何谓也?''谓以菩提,起于慈心③;以救众生,起大悲心;以持正法,起于喜心;以摄智慧,行于舍心。以摄悭贪,起檀波罗蜜④;以化犯戒,起尸罗波罗蜜⑤;以无我法,起羼提波罗蜜⑥;以离身心相,起毗梨耶波罗蜜⑦;以菩提相,起禅波罗蜜[8]；以一切智，起般若波罗蜜[9]。教化众生，而起于空；不舍有为法，而起无相；示现受生，而起无作。护持正法，起方便力；以度众生，起四摄法；以敬事一切，起除慢法；于身命财，起三坚法[10]；于六念中[11]，起思念法；于六和敬[12]，起质直心；正行善法，起于净命[13]；心净欢喜，起近贤圣；不憎恶人，起调伏心[14]；以出家法，起于深心；以如说行，起于多闻；以无诤法，起空闲处；趣向佛慧，起于宴坐；解众生缚，起修行地[15]；以具相好及净佛土，起福德业[16]；知一切众生心念，如应说法起于智业[17]；知一切法不取不舍，入一相门，起于慧业[18]；断一切烦恼、一切障碍、一切不善法，起一切善业；以得一切智慧、一切善法[19]，起于一切助佛道法。如是，善男子，是为法施之会。若菩萨住是法施会者，为大施主，亦为一切世间福田。'世尊，维摩诘说是法时，婆罗门众中二百人，皆发阿耨多罗三藐三菩提心。

"我时心得清净，叹未曾有，稽首礼维摩诘足，即解璎珞，价直百千，以上之。不肯取。我言：'居士，愿必纳受，随意所与。'维摩诘乃受璎珞，分作二分，持一分，施此会中一最下乞人；持一分，奉彼难胜如来。一切众会，皆见光明国土难胜如来，又见珠璎在彼佛上，变成四柱宝台，四面严饰，不相障蔽。

"时维摩诘现神变已，又作是言：'若施主等心施一最下乞人，犹如如来福田之相，无所分别；等于大悲，不求果报，是则名曰具足法施。'城中一最下乞人，见是神力，闻其所说，皆发阿耨多罗三藐三菩提心。故我不任诣彼问疾。"

注释:

①善德：奘译为"苏达多"，即须达多，意为善施。在其他经典中，"须达多"又号称"给孤独长者"，因此有人认为善德为"给孤独长者"之子。

②大施会：即无遮大会，一种不分一切对象广行布施的大会。

③谓以菩提，起于慈心：以无上菩提来引导众生生起慈无量心。奘译为"以无上菩提行相引发大慈"。

④檀波罗蜜：梵语音译，即布施度。檀，为"檀那"的略称，意为布施。波罗蜜，意为"度"，或"到彼岸"，谓度生死此岸而到涅槃彼岸之行法。

⑤尸罗波罗蜜：梵语音译，即持戒度。

⑥羼(chàn)提波罗蜜：梵语音译，即忍辱度。

⑦毗梨耶波罗蜜：梵语音译，即精进度。

⑧禅波罗蜜：梵语音译，即禅定度。

⑨般若波罗蜜：梵语音译，即智慧度。

⑩三坚法：指坚身、坚命、坚财三种坚法，即法身、慧命和法财。

⑪六念：即念佛、念法、念僧、念戒、念施、念天。若常持此"六念"，则能使人具足善的功德。

⑫六和敬：指僧伽和合团结的六条基本准则，分别为：一、身和敬（身和同住），二、口和敬（口和无争），三、意和敬（意和同事），四、戒和敬（戒和同修），五、见和敬（见和同解），六、利和敬（利和同均）。

⑬净命：即正命，指少欲知足、正当清净的生活方式。有时也指以清净之心为生命。

⑭调伏心：此处指众生生起的调伏之心。

⑮修行地：指修行的各阶段。奘译为"瑜伽师地"。

⑯福德业：指能生起福德的善行，如"六度"中的布施、忍辱、持戒等。

⑰智业：能分别诸法，知一切众生心念，谓之"智"；根据众生的不同根机而随机说法，开导众生，谓之"智业"。

⑱慧业：知诸法自性本空，而不取不舍，谓之"慧业"。

⑲一切智慧：指佛智、一切种智、一切智智。

译文：

佛陀又对长者子善德说："你前去维摩诘居士那里探视一下他的病情吧。"

善德回禀佛陀道："世尊，到维摩诘居士那里探视他病情的事情，我恐怕不能胜任。为什么呢？回忆往昔，我曾经在父亲的宅邸中设立了一个布施大会，供养一切出家沙门、婆罗门，以及诸外道、贫穷、下贱、孤独、乞人等，为期七日。当七日期满时，维摩诘居士来到布施大会上，对我说：'长者子啊！布施大会不应当像你这样的做法。布施大会应当是法布施大会，这种

财布施大会有什么用呢？'我问：'居士，什么叫法施大会呀？'
维摩诘居士说：'所谓法施大会，就是时间上不分先后，以佛法
同时供养一切众生的圆满大会，就叫法施大会。'我问：'这话是
什么意思呢？'维摩诘居士说：'这就是说，法布施大会以无上
菩提来引导众生生起慈无量心；以救度众生来引导众生生起
悲无量心；以秉持正法来引导众生生起喜无量心；以摄持一切
的通达智慧来引导众生生起舍无量心。以摄伏悭吝贪欲来引
导众生修行布施波罗蜜；以教化犯戒者来引导众生修行持戒波
罗蜜；以无我法来引导众生修行忍辱波罗蜜；以远离身心行相
引导众生修行精进波罗蜜；以菩提觉悟相引导众生修行禅定波
罗蜜；以一切智引导众生修行般若波罗蜜。教化一切众生，来
引导他们修行空解脱门；不舍弃有为法，来引导众生修行无相
解脱门；示现作意受生，来引导众生修行无相解脱门。以摄受
护持正法，来引导众生生起种种方便力；以度脱一切众生，来
引导他们修行布施、爱语、利行、同事四摄法；以恭敬对待一
切众生，来引导众生消除贡高我慢；以舍弃色身、性命和财富而
证得法身、慧命和法财，来引导众生修行三坚法；以六种随念来
引导众生发起正念；以六和敬来引导众生生起质直诚实之心；
以正行善法来引导众生获得清净正命；以清净欢喜之心，来引
导众生亲近贤圣；以不嫌憎恶人，来引导众生生起调伏之心；以
出家修行，来引导众生生起深厚坚固的求道之心；以依照佛所
说法精进修行，来引导众生对佛法博学多闻；以无诤法通达，
来引导众生常居于清静空闲之处；以趣向佛之智慧，来引导众
生静坐禅定；以解除众生的缠缚，来引导众生常处于修行地；

以显现庄严法相及清净佛土，来引导众生修行福德业；知道一切众生心念，随缘应机说法，来引导众生生起妙智业；知道一切诸法自性本空，不取不舍，入于一实相门，以此引导众生生起妙慧业；以断除一切烦恼、一切障碍、一切不善法，引导众生生起一切善业；以证得一切智智、一切善法，来引导众生修行一切助成佛道的种种法门。就是这样，善男子，这就是法施大会。如果菩萨能安住于这样的法施大会，他就是大施主了，也是世间一切众生的福田。'世尊，在维摩诘居士这样说法时，在场的婆罗门中有二百人都发起无上正等正觉之心。

"当时，我心得清净，赞叹这是未曾有过的事情，稽首顶礼维摩诘居士足，便即解下价值千金的璎珞，把它献给维摩诘居士。但维摩诘居士不肯接受。我说：'居士，请您务必收下，如果您不需要，请您收下后随意处置就是了。'于是，维摩诘居士收下璎珞，并把它分成两份，把其中一份布施给了大会中的一位最卑贱的乞丐；另一份奉献给那位难胜如来。当时，与会的一切大众，都亲眼看见光明国土中的难胜如来，又看见那宝珠璎珞在难胜如来头顶上，变成四柱宝台，宝台四面都精美装饰，相互映辉而不互相遮蔽。

"维摩诘居士在示现了神通变化之后，又说道：'如果施主以平等心布施一位最卑贱的乞丐，犹如供养如来所植福田一样，平等无分别；以平等不二的大悲心作布施，不希求得到福报，这就叫做具足法施。'城中最卑贱的乞丐看见了这样的神力，听了维摩诘居士所说的这些话后，都发起了无上正等正觉之心。所以，到维摩诘居士那里探视他病情的事情，我恐怕不能胜任。"

如是诸菩萨各各向佛说其本缘，称述维摩诘所言，皆曰不任诣彼问疾。

译文：

就这样，当时在座的各位菩萨，都各自向佛陀叙说了自己过去遭遇维摩诘的一些经历，称赞转述维摩诘所说的话，都说到维摩诘那里探视他病情的事情，恐怕不能胜任。

卷　中

文殊师利问疾品第五

　　佛陀又遣作为大乘菩萨智慧代表之文殊师利前去探视维摩诘。于是文殊菩萨和众多菩萨、佛大弟子及诸天人等，前往毗耶离城探视维摩诘。

　　本品通过文殊师利菩萨与维摩诘的往复论难，深入阐析了大乘佛教的"空"、"菩萨行"等大乘精义，宣扬了大乘菩萨"一切众生病，是故我病"的大悲精神。本品进一步指出，众生患病的根源在于攀缘（执着），攀缘为病本，若要断除攀缘就要做到无所得，无所得则无攀缘，无所得者，谓离内、外二见。众生应断除二见，菩萨亦应舍离于诸众生"起爱见大悲"，亦正如本经的基本思想，即从"无住本立一切法"。本品形象地展示了一个大悲菩萨的魅力，说明了菩萨的病与众生的病的区别，以及不厌离身、不乐涅槃的菩萨行；同时也划清了与众魔外道的区别，"众魔者乐生死，菩萨于生死而不舍；外道者乐诸见，菩萨于诸见而不动"。

　　尔时，佛告文殊师利[①]："汝行诣维摩诘问疾。"
　　文殊师利白佛言："世尊，彼上人者，难为酬对，深达实相，善说法要，辩才无滞，智慧无碍，一切菩萨法式悉知[②]，诸佛秘藏无不得入[③]，降伏众魔，游戏神通，其慧方便，皆已得度④。虽然，当承佛圣旨，诣彼问疾。”

于是众中诸菩萨、大弟子、释、梵、四天王，咸作是念：今二大士，文殊师利、维摩诘共谈，必说妙法。即时八千菩萨、五百声闻、百千天人，皆欲随从。于是文殊师利，与诸菩萨大弟子众，及诸天人，恭敬围绕，入毗耶离大城。

尔时，长者维摩诘心念：今文殊师利与大众俱来。即以神力，空其室内，除去所有，及诸侍者，唯置一床，以疾而卧。

文殊师利既入其舍，见其室空，无诸所有，独寝一床。时，维摩诘言：“善来，文殊师利！不来相而来，不见相而见。”文殊师利言：“如是，居士！若来已更不来，若去已更不去。所以者何？来者，无所从来；去者，无所至；所可见者，更不可见。且置是事。居士！是疾宁可忍不？疗治有损？不至增乎？世尊殷勤，致问无量。居士！是疾何所因起？其生久如？当云何灭？”

维摩诘言：“从痴有爱，则我病生。以一切众生病，是故我病。若一切众生得不病者，则我病灭。所以者何？菩萨为众生故，入生死；有生死，则有病。若众生得离病者，则菩萨无复病。譬如长者，唯有一子，其子得病，父母亦病；若子病愈，父母亦愈。菩萨如是，于诸众生，爱之若子。众生病，则菩萨病；众生病愈，菩萨亦愈。又言：‘是疾何所因起？’菩萨疾者，以大悲起。”

文殊师利言："居士此室，何以空无侍者？"

维摩诘言："诸佛国土，亦复皆空。"

又问："以何为空？"

答曰："以空空⑤。"

又问："空何用空⑥？"

答曰："以无分别空故空⑦。"

又问："空可分别耶⑧？"

答曰："分别亦空。"

又问："空当于何求？"

答曰："当于六十二见中求。"

又问："六十二见当于何求？"

答曰："当于诸佛解脱中求。"

又问："诸佛解脱当于何求？"

答曰："当于一切众生心行中求。又，仁所问：'何无侍者？'一切众魔及诸外道，皆吾侍也。所以者何？众魔者乐生死，菩萨于生死而不舍；外道者乐诸见，菩萨于诸见而不动。"

文殊师利言："居士所疾，为何等相？"

维摩诘言："我病无形不可见。"

又问："此病身合耶⑨？心合耶？"

答曰："非身合，身相离故；亦非心合，心如幻故。"

又问："地大、水大、火大、风大，于此四大，何大之病？"

答曰:"是病非地大,亦不离地大;水火风大,亦复如是。而众生病从四大起。以其有病,是故我病。"

注释:

①文殊师利:又作"曼殊室利"、"妙吉祥",菩萨名。是大乘佛教中最以智慧著称的菩萨,与普贤菩萨同为佛陀的左右胁侍。由于他在所有菩萨中,是辅佐佛陀弘法的上首,因此也被称为"文殊师利法王子"。据大乘经典记载,文殊菩萨不仅是佛教中智慧的象征,而且还是过去世七佛之师,因此,其智慧被喻为三世诸佛成道之母,因而文殊菩萨又有"三世觉母妙吉祥"的尊号。另外,依《首楞严三昧经》记载,文殊菩萨在久远的过去世早已成佛,号称龙种上如来,为了协助释迦牟尼佛度化群生,方便示现为释迦牟尼佛二胁侍之一。

②法式:直译为"作法仪式",意译为"法门"。罗什曰:"神通变化诸威仪。"奘译本、梵文本此句为:"一切菩萨所为事业皆已成办。"

③秘藏:诸佛妙法秘密所藏。

④得度:指通达、通晓。奘译"到……趣"。

⑤以空空:以空慧观照诸佛国土本性为空。前"空"为"空慧"之"空",后"空"为"理空"或"法空"。

⑥空何用空:本性为空,为什么还要以空慧来观照呢?前"空"为"法空"或"理空",后"空"为"空慧"。

⑦以无分别空故空:正是因为以无分别的空慧来观照,才能认识到诸法空性。前"空"为"空慧",后"空"为"理空"或"法

空"。

⑧空：指慧空、法空。

⑨合：相关。

译文：

其时，佛陀对文殊师利菩萨说："文殊师利，你到维摩诘居士那里去探视他的疾病吧。"

文殊菩萨回禀佛陀说："世尊，维摩诘居士乃是上智之人，确实难以与之酬答应对，因为他深刻洞达诸法实相，善于演说佛法精要，雄辩滔滔圆应无滞，智慧高深通达无碍，一切菩萨法门无不了知，诸佛奥义秘藏无不遍入，能够降伏一切魔障，常以种种神通游化三界度脱天人，智慧方便，都已通达。虽然这样，我还是应当秉承佛祖的圣旨，前去探视他的病情。"

于是，会中的诸位菩萨、佛陀的大弟子、帝释天、梵天、四天王等，都这样想：如今，文殊菩萨与维摩诘这两位大士要在一起谈论佛法，必定会演说精妙的佛法。当下，八千位菩萨、五百位声闻弟子以及百千天人，都想随从文殊菩萨前往。于是，文殊菩萨在诸位菩萨、大弟子及诸天人的恭敬围绕下，进入毗耶离大城。

其时，长者维摩诘心想：现在文殊师利菩萨与诸大众一同前来，我得给他们腾出一些地方。于是，维摩诘运用神力，将室内清空，除去所有东西和侍从，只留下一张床，自己躺在床上示现染病的形象。

文殊菩萨进入维摩诘居室后，见室中空无所有，只有维摩诘独自躺在床上。这时，维摩诘开口说道："欢迎你啊，文殊师利菩萨！你是以不来之相而来到这里，以不见相而见到我了。"文殊菩萨答道："正是这样的，居士！如果已经来到，就不必再来，如果已经离去，就不必再去。为什么呢？所谓来者，本来就是无所从来；所谓去者，本来也无所可至；所谓可见者，刹那生灭，不可再见。暂且不谈这些。居士！您这病痛还可以忍受吗？经过治疗，病情好转了一些吗？不至于加重了吧？世尊极为关切，让我向您致以最高的慰问。居士！您这病是因何而起？已经病了多长时间了？又应当如何治疗才能痊愈？"

维摩诘答道："已经很久了，自从由于众生的无明愚痴而生起贪爱执着，我的疾病就产生了。因为一切众生都生病了，所以我也就生病了。如果一切众生的疾病能够痊愈，那么我的疾病也就痊愈了。为什么呢？菩萨为了救度众生脱离苦海而进入生死轮回之中；既有生死，便会患病。如果众生能够脱离病患，那么菩萨也就不会再患病。譬如长者只有一个儿子，当他的儿子得病时，父母也就得病了；如果儿子的病痊愈了，父母的病也就痊愈了。菩萨也是这样，关爱一切众生，犹如父母关爱子女。众生得病，菩萨就会得病；众生病愈，菩萨也就病愈了。至于你又问我：'这病是因何而起？'菩萨的疾病，是从大悲心生起的。"

文殊菩萨又问道："居士，您这居室为何空无一物，也没有侍者呢？"

维摩诘答道："因为诸佛国土，也都同样是空的。"

文殊菩萨又问道："诸佛国土为什么是空的呢？"

维摩诘答道："因为以空慧观照诸佛国土本性为空。"

又问："既然本性为空,为什么还要以空慧来观照呢?"

答道："正是因为以无分别的空慧来观照,才能认识到诸法空性。"

又问："空本身可加以分别吗?"

答道："分别本身也是空的。"

又问："那么,空应当从哪里寻求呢?"

答道："应当从六十二种邪见中寻求。"

又问："六十二种邪见又应当于哪里寻求呢?"

答道："应当从诸佛解脱中寻求。"

又问："诸佛解脱应当从哪里寻求呢?"

答道："应当从一切众生迁流不息的心念中去寻求。另外,你刚才问我:'为什么这居室之中没有侍者?'实际上,一切魔鬼和诸外道都是我的侍者。为什么呢?因为一切魔鬼都沉溺于生死欲乐之中,而菩萨通达生死却永不厌离;一切外道都沉溺于种种邪见之中,而菩萨了知种种邪见却不为所动。"

文殊师利菩萨问道："居士,您的疾病有什么症状呢?"

维摩诘答道："我的疾病没有形相,不可看见。"

又问："您这病是身体上的呢?还是心理上的?"

答道："我这病不是身体上的,因为身体是五蕴和合的离散之相;也不是心理上的,因为心是刹那生灭的幻相。"

又问："地大、水大、火大、风大,在这'四大'中,您的疾病是哪一大引起的呢?"

答道："我这疾病不是地大引起的,但也不脱离地大;水、风、火三大，也是这样的。而众生的疾病都是由于'四大'不调而引起的。由于众生患病，所以我也患病。"

尔时，文殊师利问维摩诘言："菩萨应云何慰喻有疾菩萨？"

维摩诘言："说身无常，不说厌离于身；说身有苦，不说乐于涅槃；说身无我，而说教导众生；说身空寂，不说毕竟寂灭；说悔先罪，而不说入于过去；以己之疾，愍于彼疾；当识宿世无数劫苦，当念饶益一切众生；忆所修福，念于净命，勿生忧恼，常起精进；当作医王，疗治众病。菩萨应如是慰喻有疾菩萨，令其欢喜。"

文殊师利言："居士，有疾菩萨，云何调伏其心？"

维摩诘言："有疾菩萨，应作是念：今我此病，皆从前世妄想颠倒诸烦恼生，无有实法，谁受病者？所以者何？四大合故，假名为身；四大无主，身亦无我。又此病起，皆由著我，是故于我不应生著。既知病本，即除我想及众生想，当起法想。应作是念：但以众法合成此身，起唯法起，灭唯法灭；又此法者，各不相知。起时不言我起，灭时不言我灭。彼有疾菩萨，为灭法想，当作是念：此法想者，亦是颠倒；颠倒者，即是大患，我应离之。

"云何为离？离我、我所。云何离我、我所？谓离二法①。云何离二法？谓不念内外诸法，行于平等。

云何平等？谓我等涅槃等。所以者何？我及涅槃，此二皆空。以何为空？但以名字故空。如此二法，无决定性；得是平等，无有余病；唯有空病，空病亦空。是有疾菩萨，以无所受而受诸受②；未具佛法，亦不灭受而取证也。设身有苦，念恶趣众生，起大悲心：我既调伏，亦当调伏一切众生。但除其病，而不除法，为断病本而教导之。

　　"何谓病本？谓有攀缘③。从有攀缘，则为病本。何所攀缘？谓之三界。云何断攀缘？以无所得。若无所得，则无攀缘。何谓无所得？谓离二见。何谓二见？谓内见、外见，是无所得。

　　"文殊师利！是为有疾菩萨调伏其心。为断老病死苦，是菩萨菩提。若不如是，己所修治，为无慧利。譬如胜怨④，乃可为勇；如是兼除老病死者，菩萨之谓也。彼有疾菩萨，应复作是念：如我此病，非真非有，众生病亦非真非有。

　　"作是观时，于诸众生，若起爱见大悲，即应舍离。所以者何？菩萨断除客尘烦恼⑤，而起大悲。爱见悲者，则于生死有疲厌心。若能离此，无有疲厌，在在所生⑥，不为爱见之所覆也。所生无缚⑦，能为众生，说法解缚。如佛所说：'若自有缚，能解彼缚，无有是处；若自无缚，能解彼缚，斯有是处。'是故，菩萨不应起缚。

　　"何谓缚？何谓解？贪著禅味，是菩萨缚；以方便

生⑧，是菩萨解。又，无方便慧缚⑨，有方便慧解；无慧
方便缚，有慧方便解。何谓无方便慧缚？谓菩萨以爱
见心，庄严佛土，成就众生，于空、无相、无作法中，而
自调伏，是名无方便慧缚。何谓有方便慧解？谓不以
爱见心，庄严佛土，成就众生，于空、无相、无作法中，
以自调伏而不疲厌，是名有方便慧解。何谓无慧方便
缚？谓菩萨住贪欲、瞋恚、邪见等诸烦恼，而植众德
本，是名无慧方便缚。何谓有慧方便解？谓离诸贪欲、
瞋恚、邪见等诸烦恼，而植众德本，回向阿耨多罗三藐
三菩提，是名有慧方便解。

　　"文殊师利！彼有疾菩萨应如是观诸法。又复观
身无常、苦、空、非我⑩，是名为慧；虽身有疾，常在生
死饶益一切，而不厌倦，是名方便。又复观身，身不离
病，病不离身，是病是身，非新非故，是名为慧；设身有
疾，而不永灭，是名方便。

　　"文殊师利！有疾菩萨应如是调伏其心：不住其
中，亦复不住不调伏心。所以者何？若住不调伏心，是
愚人法；若住调伏心，是声闻法。是故，菩萨不当住于
调伏、不调伏心，离此二法，是菩萨行⑪；在于生死不
为污行，住于涅槃不永灭度，是菩萨行；非凡夫行，非
贤圣行，是菩萨行；非垢行，非净行，是菩萨行；虽过魔
行，而现降伏众魔⑫，是菩萨行；求一切智，无非时求，
是菩萨行；虽观诸法不生，而不入正位，是菩萨行；虽

观十二缘起，而入诸邪见[13]，是菩萨行；虽摄一切众生，而不爱著，是菩萨行；虽乐远离，而不依身心尽，是菩萨行；虽行三界，而不坏法性，是菩萨行；虽行于空，而植众德本，是菩萨行；虽行无相，而度众生，是菩萨行；虽行无作，而现受身，是菩萨行；虽行无起，而起一切善行，是菩萨行；虽行六波罗蜜，而遍知众生心、心数法[14]，是菩萨行；虽行六通，而不尽漏，是菩萨行；虽行四无量心，而不贪著生于梵世，是菩萨行；虽行禅定解脱三昧，而不随禅生，是菩萨行；虽行四念处，不毕竟永离身受心法，是菩萨行；虽行四正勤，而不舍身心精进，是菩萨行；虽行四如意足，而得自在神通，是菩萨行；虽行五根，而分别众生诸根利钝，是菩萨行；虽行五力，而乐求佛十力，是菩萨行；虽行七觉分，而分别佛之智慧，是菩萨行；虽行八正道，而乐行无量佛道，是菩萨行；虽行止观助道之法，而不毕竟堕于寂灭，是菩萨行；虽行诸法不生不灭，而以相好庄严其身，是菩萨行；虽现声闻、辟支佛威仪，而不舍佛法，是菩萨行；虽随诸法究竟净相，而随所应为现其身，是菩萨行；虽观诸佛国土永寂如空，而现种种清净佛土，是菩萨行；虽得佛道，转于法轮，入于涅槃，而不舍于菩萨之道，是菩萨行。"

注释：

①二法：有多义，此指一切诸法分为相对之二种，如内与外、

生与灭、常与断、净与染等。僧肇《注维摩诘经》卷五："有我我所,则二法自生;二法既生,则内外以形;内外既形,则诸法异名;诸法异名,则是非相倾;是非相倾,则众患以成。若能不念内外诸法,行心平等者,则入空行,无法想之患,内外情尘也。"竺道生说:"内者,我也。外者,一切法也。此则相对为二矣,谓不念之行于平等为离也。"

②诸受:指内心对外界的各种领纳、感受。

③攀缘:攀取缘虑之意,指心对于外境的执着。

④胜怨:即战胜怨敌。怨,即怨敌、怨结、惑障。

⑤客尘烦恼:外来的烦恼,指心执着于外境而生起的烦恼。客,外在,外来。尘,污染,污秽。

⑥在在:处处,到处,随处。僧肇《注维摩诘经》卷五:"夫有所见,必有所滞;有所爱,必有所憎,此有极之道,安能致无极之用。若能离此,则法身化生,无在不在;生死无穷,不觉为远。何有爱见之覆,疲厌之劳乎?"

⑦缚:缠缚,"烦恼"之别名。因为烦恼能缠缚众生,不得自在,故名。

⑧方便生:方便受生。僧肇《注维摩诘经》卷五:"自既离生,方便为物,而受生者,则彼我无缚,所以为解也。"竺道生说:"欲济群生而生者,为方便生也。"

⑨方便慧:方便和智慧。"方便"是随缘应机的善行,"慧"是了悟诸法实相的智慧。此二者是获得解脱的两种重要方法,缺一不可。僧肇《注维摩诘经》卷五:"巧积众德,谓之方便;直达法相,谓之慧。二行俱备,然后为解耳。若无方便而有慧未免

于缚,若无慧而有方便亦未免于缚。"

⑩无常、苦、空、非我:指原始佛教的"四法印",即诸行无常（无常）、诸法无我（非我）、涅槃寂静（空）、一切皆苦（苦）。

⑪菩萨行:即菩萨的行为。

⑫众魔:指四魔,即烦恼魔、五阴魔、死魔、天魔。

⑬入:梵文本与奘译本为"远离"。

⑭心、心数法:即心、心所法。心生万法,为万法之王,故称"心王","心王"是生命现象的主体。心所法,简称"心所",是为心所有的各种心理活动和精神现象,共有五十一法,即遍行五（触、作意、受、想、思）别境五（欲、胜解、念、定、慧）善心十一（信、精进、惭、愧、无贪、无瞋、无痴、轻安、不放逸、行舍、不害）烦恼六（贪、瞋、痴、慢、疑、恶见）随烦恼二十（忿、恨、恼、覆、诳、谄、骄、害、嫉、悭、无惭、无愧、不信、懈怠、放逸、昏沉、掉举、失念、不正知、散乱）不定四（悔、眠、寻、伺）。

译文:

其时,文殊菩萨向维摩诘问道:"菩萨应该如何去安慰、开导生病的菩萨呢?"

维摩诘答道:"应该说身体是变化无常的,而不说厌弃摆脱这身体;应该说有身体就有病苦诸患,而不说乐于证入涅槃;应该说身体没有自主自在的我,从而劝其教导众生;应该说身体是空寂的,而不劝其追求毕竟寂灭;应该说忏悔过去所犯之罪,而不说现在的疾病为过去之业果;应该推己及人,同体大悲,由自己的疾病,悲悯及他人的疾病;应当认识到自己在过去宿世无数劫中遭受到的苦难,由此应当念及饶益一切众生;应当回忆自己过去所修福业,念念广修清净命业,不要因疾病而生烦恼,应当恒常不断精进修行;应当做一个救治世人的良医,治疗众生的各种疾病。菩萨应该这样去安慰、开导生病的菩萨,使其心中欢喜。"

文殊菩萨又问道:"居士,生病的菩萨应当如何调伏其心?"

维摩诘答道:"生病的菩萨应当这样想:现在我所患的病,都是从前世妄想、颠倒、种种烦恼中产生的,身体中本来就没有真正的实体存在,那么谁会生病呢?为什么?因为这个身体乃是由'四大'和合而成,假名为身体罢了;'四大'中并没有真正主宰者,因此这身体也没有一个真实的自我存在。又,此病之所以产生,都是由于众生将这'四大'和合之身体执着为自我,所以,对这色身我不应该有所执着。既然已经认识到了生病的根源,就应该摒除对'我'及'众生'的虚妄执见,而应当生起法的观念。应该这样想:我这个身体只是由诸法和合而成,身体只是随诸法的产生而产生,随诸法的消失而消失;而且诸法之间各自独立,互相不知不觉。生起时不说自己生起,消灭时也不说自己消灭。那些患病的菩萨,为了除灭诸法实有的观念,应该这样想:这种把诸法当作真实存在的观念,本身也是一种颠倒妄想;而颠倒妄想就是一种极大的病患,我应该远离它。

"那么,如何远离颠倒妄想呢?就是应当除灭对自我和自我所有这二者的执着。那么,如何除灭对自我和自我所有的执着呢?这就是说要远离二法。如何远离二法呢?就是应该不执着于一切内外诸法,以平等心观照一切。如何以平等心观照一切呢？就是应该把自我与涅槃同等看待。为什么呢？自我与涅槃，这二者本性皆空。为什么说二者本性皆空呢？因为二者本来都只是一种假名而非实有，所以为空。这二种法都没有自身内在的规定性；如果能够以平等心看待这二者，就不会有什么病患了；而只剩下执着于空的病患了，实际上空病本身也是空。所以，患病的菩萨，应该以无所受而受的态度来对待种种感受；当患病的菩萨还没有圆满具足佛法时，也不应刻意摒弃种种感受而去求取涅槃。当患病菩萨身受苦痛的时候，应该念及恶道中的苦难众生，发起大悲心：我既已调伏自心，又应当调伏一切众生的心意。只除灭众生的颠倒妄想之病，而不是除去诸法，应当为了断绝疾病的根源而教导众生。

　　"那么，什么是众生患病的根源呢？就是有所攀缘。有所攀缘，就是众生疾病的根源。攀缘什么呢？攀缘欲、色、无色三界。那么，如何断除攀缘呢？就是应该对外界无所取、无所得。如果对外界无取无得，就没有攀缘。那么，什么是无取无得呢？就是应该远离二见。什么是二见？就是内执着于自我，外执着于诸法，能够远离这两种执着边见，就是无所得。

　　"文殊师利！生病的菩萨就应该这样调伏其心。而且，为了断除众生的生老病死诸苦而调伏众生，这就是菩萨的觉悟之道。如果不是这样，那么自己所做的修行就没有任何智慧利益。譬如，只有战胜仇敌者，才能称得上'勇'；同样，既能调伏自心，又能断除众生老病死苦者，才能称为菩萨。那些生病的菩萨，还应该这样想：正如我这疾病非真非有一样，众生的疾病也是非真非有的。

"当生病的菩萨作这样观照时，如果由于爱见众生而生起大悲之心，这也是应该舍离的。为什么呢？菩萨应该为了断除众生的客尘烦恼而生起大悲之心。如果由于爱见众生而生起大悲之心，就会对生死产生疲倦厌离之心。如果能够舍弃这种爱见，就永远不会对生死世间产生疲倦厌离之心，无论化生于何时何处，都能不为爱欲边见所障蔽。既然菩萨于生死没有缠缚，就能为众生说法，使他们解除缠缚。正如佛祖所说：如果自己有所缠缚，而能解除别人的缠缚，这是没有的事情；如果自己无所缠缚，就能解除他人的缠缚，这才符合事理。所以，菩萨不应该生起缠缚。

"那么，什么叫缠缚呢？什么叫解缚呢？贪恋执着于禅定的愉悦滋味，这就是菩萨的缠缚；为济度众生而方便受生，无所贪着，这就是菩萨的解缚。此外，如果没有济度众生的种种方便法门，而只有通达实相的智慧，这就是菩萨的缠缚，如果既能运用种种方便法门济度众生，又具有通达实相的智慧，这就是菩萨的解缚；反之，如果只有济度众生的方便法门，而没有通达实相的智慧，这也是菩萨的缠缚，如果既有通达实相的智慧，又具备济度众生的种种方便法门，就是菩萨的解缚。什么叫做'没有方便只有智慧便是缠缚'呢？这就是说，如果菩萨以爱见之心，庄严佛土，成就众生，于空、无相、无作三解脱门中，自我调伏，这就叫做'没有方便只有智慧便是缠缚'；什么叫做'既有方便又有智慧就是解缚'呢？这就是说，如果菩萨不以爱见之心，庄严佛土，成就众生，于空、无相、无作三解脱门中，自我调伏，并且不对生死产生厌离之心，这就叫做'既有方便又有智慧就是解缚'。什么叫做'没有智慧只有方便也是缠缚'呢？
这就是说，如果菩萨能够在贪欲、瞋恚、邪见等诸烦恼中，广植
一切德本，这就叫做'没有智慧只有方便也是缠缚'；什么叫做
'既有智慧又有方便就是解缚'呢？这就是说，如果菩萨能够远
离贪欲、瞋恚、邪见等种种烦恼缠缚，修行各种德行，而且能够
把这些功德回向于成就无上正等正觉，这就叫做'既有智慧又
有方便就是解缚'。

"文殊师利！那些生病的菩萨应该这样观照一切诸法。此
外，还应该如此去观照自身的无常、苦、空和非我，这就叫做
'通达智慧'；虽然自己身患疾病，却常安住于生死之中饶益一
切众生，而永不厌倦，这就叫做'通达方便'。此外，还应当进
一步去观照自身，身不离病，病不离身，身即是病，病即是身，生
灭流转，无新无旧，这就叫做'通达智慧'；假设身体患有疾病，
而不追求毕竟寂灭，这就叫做'通达方便'。

"文殊师利！生病的菩萨应该这样调伏其心：既不住于已
经调伏的心境，也不住于未调伏的心境之中。为什么呢？因为
如果住于未调伏的心境中，那就是凡夫愚人的做法；如果安住
于已经调伏的心境，那就是声闻小乘的做法。所以，菩萨不应
当安住于调伏、未调伏两种的心境中，超越这两种做法，这才
是真正的菩萨行；处于生死之中而不被烦恼所污染，安住于涅
槃境界而不永入寂灭，这才是真正的菩萨行；所作所为既不同
于一般凡夫的行为，也不同于二乘圣贤的行为，这才是真正的
菩萨行；所作所为既不是世间的染污行为，也不是出世的清净
行为，这才是真正的菩萨行；虽然已经超越一切魔怨所行，而又

显现降伏众魔之相，这才是真正的菩萨行；追求一切种智，绝
不急于解脱而中途求证，这才是真正的菩萨行；虽然已经达到
观照诸法不生不灭的境界，而不证入涅槃正位，这才是真正的
菩萨行；虽然观悟到十二因缘的真谛，而又能入于种种邪见，这
才是真正的菩萨行；虽然摄化护持一切众生，而又不对众生产
生贪爱执着之心，这才是真正的菩萨行；虽然乐于远离生死世
间，而又不追求毁身灭智，这才是真正的菩萨行；虽然示现受生
于三界之中，而又不损坏法性的湛然常寂，这才是真正的菩萨
行；虽然修行空解脱门，而又能于世间广植一切德本，这才是真
正的菩萨行；虽然修行无相解脱门，而又能于世间广度一切众
生，这才是真正的菩萨行；虽然修行无作解脱门，而又能示现受
报身于生死世间，这才是真正的菩萨行；虽然修行无起之法，而
又能生起一切善行，这才是真正的菩萨行；虽然修行六度法门，
而又能遍知众生心和心数法，这才是真正的菩萨行；虽然修行
六种神通，而又能不断尽烦恼，这才是真正的菩萨行；虽然修行
慈、悲、喜、舍四无量心，而又不贪求生于清净梵天，这才是真
正的菩萨行；虽然修行四禅、八解脱、三昧，而又不依随禅定
力而相应受生，这才是真正的菩萨行；虽然修行四念处，而又不
追求最终离弃身受心法，这才是真正的菩萨行；虽然修行四正
勤，而又不舍弃身心的精进修行，这才是真正的菩萨行；虽然修
行四如意足，而能获得自在神通，这才是真正的菩萨行；虽然
修行五根，而又能善于分别众生的根机利钝，这才是真正的菩
萨行；虽然修行菩萨五力，而更乐于追求佛之十力，这才是真正
的菩萨行；虽然修行七觉支，而又能分别佛之智慧，这才是真正

的菩萨行；虽然修行八正道，而更乐于践行无量佛道，这才是真正的菩萨行；虽然修行止观法门以助进佛道，而又不堕入永久寂灭，这才是真正的菩萨行；虽然修行诸法不生不灭的无相法门，而又能以美好形相庄严其身，这才是真正的菩萨行；虽然显现声闻、辟支佛的威严仪容，而又不舍弃大乘佛法的德相，这才是真正的菩萨行；虽然随顺诸法的清净实相，而又能随缘示现其身，这才是真正的菩萨行；虽然领悟到诸佛国土永远寂灭如同虚空，而又能方便示现出种种清净佛土，这才是真正的菩萨行；虽然已经证成佛果，转动法轮，证入涅槃，而又不舍弃慈悲度众的菩萨道，这才是真正的菩萨行。"

说是语时，文殊师利所将大众，其中八千天子，皆发阿耨多罗三藐三菩提心。

译文：

当维摩诘演说这些法语时，文殊菩萨所率领的大众之中，有八千位天子，都发起无上正等正觉之心。

不思议品第六

本品深入阐析了诸法不可思议、求法亦不可思议,诸佛妙法寂灭、无为、无染、无行处、无取舍、无处所、无相、不住、不可见闻觉知,应无所求而求;又,维摩诘通过显示"借座灯王"之神通,宣扬大乘佛教广窄相容、久暂互摄、须弥纳芥子、七日涵一劫等不可思议解脱法门。《维摩诘经》所宣扬的不可思议解脱,既非言象所测,亦非二乘所议,乃是"穷微尽化,体幽用玄,眇莽无为而无不为"之大机大用,"纵任无碍,尘累不能拘"之不可思议解脱。

尔时,舍利弗见此室中无有床座,作是念:斯诸菩萨大弟子众,当于何坐?长者维摩诘知其意,语舍利弗言:"云何仁者?为法来耶?为床座耶?"舍利弗言:"我为法来,非为床座。"

维摩诘言:"唯,舍利弗!夫求法者,不贪躯命,何况床座?夫求法者,非有色、受、想、行、识之求,非有界、入之求,非有欲、色、无色之求。唯,舍利弗!夫求法者,不著佛求,不著法求,不著众求。夫求法者,无见苦求,无断集求,无造尽证修道之求。所以者何?法无戏论。若言我当见苦、断集、证灭、修道,是则戏论,非求法也。唯,舍利弗!法名寂灭,若行生灭,是求生灭，非求法也；法名无染，若染于法，乃至涅槃，是则染著，非求法也；法无行处^①，若行于法，是则行处，非求法也；法无取舍，若取舍法，是则取舍，非求法也；法无处所，若著处所，是则著处，非求法也；法名无相，若随相识，是则求相，非求法也；法不可住，若住于法，是则住法，非求法也；法不可见闻觉知，若行见闻觉知，是则见闻觉知，非求法也；法名无为，若行有为，是求有为，非求法也。是故，舍利弗！若求法者，于一切法应无所求。"说是语时，五百天子，于诸法中得法眼净。

注释：

①行处：指观行处，即观心修行之对象。梵文本与奘译本为"境界"。

译文：

其时，舍利弗看见这居室中没有床座，心里这样想：这些各位菩萨和大弟子们，应当坐在哪里呢？长者维摩诘立即知道了舍利弗的心意，就对舍利弗说："仁者舍利弗，你在想什么呢？你是为了求法而来的呢？还是为了求床座而来的呢？"舍利弗答道："我是为了求法而来的，不是为了求床座而来的。"

维摩诘说："喂，舍利弗！求法者为了求法应该做到不贪恋身躯性命，何况床座呢？真正的求法者，没有对色、受、想、行、识五蕴的欲求，没有对十八界、十二入的欲求，也没有对欲界、色界、无色界三界的欲求。喂，舍利弗！真正的求法者，不执着于佛相而求佛，不执着于法相而求法，也不执着于僧相而求僧。真正的求法者，没有知苦之求，没有断集之求，也没有证灭以及为了断集证灭而修道之求。为什么呢？因为佛法是至真之道，没有虚夸不实的言论。如果说，我应当知苦、断集、证灭、修道，这就是虚妄不实的言论，并不是真正的求法。喂，舍利弗！法的名字是寂灭，如果修行生灭之法，那就是求生灭之法，并不是真正的求法；法的名字是无染，如果染着于求法，乃至染着于求涅槃，那就是求染着，并不是真正的求法；法的名字是无行处，如果心念对境相有所攀缘，那就是求行处，并不是真正的求法；法的名字是无取舍，如果对法有所取舍，那是求取舍，并不是真正的求法；法的名字是无处所，如果执着于法的处所，那就是执着于求处所，并不是真正的求法；法的名字是无相，如果追随事物的形相而去认识法，那就是求相，并不是真正的求法；法的名字是不可住，如果执着于法，那就是求执着法，并不是真正的求法；法的名字是不可见闻觉知，如果想要看见、听闻、察觉、认知法，那就是求见闻觉知，并不是真正的求法；法的名字是无为，如果修行有为法，那就是求有为法，并不是真正的求法。所以，舍利弗！如果是真正的求法者，就应该对一切诸法都无所求。"当维摩诘说这些话时，五百位天子都从诸法中证得清净法眼。

尔时，长者维摩诘问文殊师利："仁者游于无量千万亿阿僧祇国[①]，何等佛土，有好上妙功德成就师子之座^②？"

文殊师利言："居士，东方度三十六恒河沙国^③，有世界名须弥相，其佛号须弥灯王，今现在。彼佛身长八万四千由旬，其师子座，高八万四千由旬^④，严饰第一。"于是，长者维摩诘现神通力，即时彼佛，遣三万二千师子之座^⑤，高广严净，来入维摩诘室；诸菩萨、大弟子、释、梵、四天王等，昔所未见。其室广博，悉皆包容三万二千师子座，无所妨碍；于毗耶离城及阎浮提四天下^⑥，亦不迫迮^⑦，悉见如故。

尔时，维摩诘语文殊师利："就师子座，与诸菩萨上人俱坐。当自立身，如彼座像。"其得神通菩萨，即自变形为四万二千由旬，坐师子座；诸新发意菩萨及大弟子，皆不能升。

尔时，维摩诘语舍利弗："就师子座。"舍利弗言："居士！此座高广，吾不能升。"维摩诘言："唯，舍利弗！为须弥灯王如来作礼，乃可得坐。"于是新发意菩萨及大弟子，即为须弥灯王如来作礼，便得坐师子座。

注释：

①阿僧祇（qí）：意译为"无数"、"无量"数，古印度的数量单位。"一阿僧祇"等于一千万万万万万万万万兆。

②师子之座：狮子的座位。"师子"即"狮子"，狮子为兽中之王，故比喻佛之座处为"狮子座"，后泛指高僧说法时的庄严

坐席。

③恒河沙：形容数量极多，好像恒河中的沙子一样。恒河，为印度的大河，发源于喜马拉雅山南麓，自东北向西南流动，最后注入孟加拉湾。

④由旬：古印度计算里程的单位，指一日行军之里程，约四十里。

⑤三万二千：梵文本为"三百二十万"，奘译本为"三十二亿"，益显其多。

⑥阎浮提：又称"南赡部洲"，四大部洲之一，即我们所居住的世界。

⑦迫迮（zé）：指局促，狭窄。迮，狭窄，逼迫。

译文：

其时，长者维摩诘问文殊菩萨："你曾经游历过十方无量千万亿阿僧祇数的佛国国土，请问哪一佛土有最殊胜功德成就的狮子宝座呢？"

文殊菩萨答道："居士，由此向东越过三十六个恒河沙数国度，有一个世界名为须弥相，这个世界的佛祖，名号为须弥灯王，如今尚在。那位佛祖身长八万四千由旬，其狮子座也高达八万四千由旬，庄严美饰，堪称第一。"于是，长者维摩诘运用其神通力，那须弥灯王佛当即遣送三万二千个高大宽广、庄严清净的狮子座到维摩诘的居室之中；这种情形都是各位菩萨、大弟子、帝释天、梵天、四天王等前所未见的。维摩诘的居室也顿时变得极其广阔博大，将这三万二千个狮子座全部容纳其中，也毫无妨碍；而这居室也没有使毗耶离城及阎浮提四天下变得窄小局促，所见一切都如同原来的样子。

其时，维摩诘对文殊菩萨说道："请坐狮子座吧，和各位菩萨上人一同就座。应当变化自己身形，与狮子座的大小相应。"那些已得神通的菩萨当即都变化身形为身高四万二千由旬，坐上狮子座；而那些新发意菩萨及大弟子们，都不能升座。

其时，维摩诘对舍利弗说："请坐狮子座吧。"舍利弗说："居士！这狮子座太高太大了，我不能升座。"维摩诘说："喂，舍利弗！向须弥灯王如来顶礼，就可以升座了。"于是，新发意菩萨和各大弟子即向须弥灯王如来顶礼，就都坐上了狮子座。

舍利弗言："居士！未曾有也。如是小室，乃容受此高广之座；于毗耶离城无所妨碍，又于阎浮提聚落城邑，及四天下、诸天、龙王、鬼神宫殿，亦不迫迮。"

维摩诘言："唯，舍利弗！诸佛菩萨有解脱，名不可思议。若菩萨住是解脱者，以须弥之高广内芥子中①，无所增减，须弥山王本相如故，而四天王、忉利诸天，不觉不知己之所入，唯应度者，乃见须弥入芥子中，是名不可思议解脱法门。又以四大海水入一毛孔，不娆鱼鳖鼋鼍水性之属②，而彼大海本性如故，诸龙、神、鬼、阿修罗等，不觉不知己之所入，于此众生亦无所娆。

"又，舍利弗！住不可思议解脱菩萨，断取三千大千世界，如陶家轮，著右掌中，掷过恒沙世界之外，其中众生不觉不知己之所往；又复还置本处，都不使人有往来想，而此世界本相如故。又，舍利弗！或有众生乐久住世而可度者，菩萨即演七日以为一劫[3]，令彼众生谓之一劫；或有众生不乐久住而可度者，菩萨即促一劫以为七日，令彼众生谓之七日。又，舍利弗！住不可思议解脱菩萨，以一切佛土严饰之事，集在一国，示于众生；又菩萨以一佛土众生置之右掌，飞到十方，遍示一切，而不动本处。又，舍利弗！十方众生供养诸佛之具，菩萨于一毛孔，皆令得见；又十方国土所有日月星宿，于一毛孔，普使见之。又，舍利弗！十方世界所有诸风，菩萨悉能吸著口中，而身无损，外诸树木，亦不摧折；又十方世界劫尽烧时，以一切火内于腹中，火事如故，而不为害；又于下方过恒河沙等诸佛世界，取一佛土举著上方，过恒河沙无数世界，如持针锋举一枣叶，而无所娆。又，舍利弗！住不可思议解脱菩萨，能以神通现作佛身，或现辟支佛身，或现声闻身，或现帝释身，或现梵王身，或现世主身，或现转轮圣王身；又十方世界所有众声，上中下音，皆能变之，令作佛声，演出无常、苦、空、无我之音，及十方诸佛所说种种之法，皆于其中，普令得闻。舍利弗！我今略说菩萨不可思议解脱之力，若广说者，穷劫不尽。"

注释:

①内:同"纳"。

②娆(rǎo):烦忧,扰乱。

③演:同"延"。

译文:

舍利弗赞叹说:"居士!这真是未曾有过的事情。如此小的居室,竟然可以容纳这样高广宽大的宝座;对毗耶离大城却毫无妨碍,而对于阎浮提中的村落、城邑以及四天下、诸天、龙王、鬼神宫殿,也不会因此显得窄小和局促。"

维摩诘说:"喂,舍利弗!诸佛菩萨有一种解脱法门,名为不可思议。如果菩萨住于这种解脱境界,能将高广的须弥山纳入芥子之中,芥子也不会因此有所增大,须弥山也不会因此有所缩小,须弥山王的本相还是和原来一样,而四天王和忉利诸天也都不能察觉自己已被移入芥子之中,只有那些借此神通而应该得度者,才能看见须弥山王被纳入芥子之中,这就叫做不可思议解脱法门。另外,将四大海之水倒入一毛孔中,也丝毫不妨碍到鱼、鳖、鼋、鼍这些水生生物,而那些大海的本性还是和原来一样,那些龙、神、鬼、阿修罗等也都不能察觉自己已被移入毛孔之中,这些众生也同样不会受到妨碍。

"还有,舍利弗!住于不可思议解脱境界的菩萨,断取三千大千世界,犹如拿起制陶工人的转轮,置于右掌之中,然后将此三千大千世界掷出恒沙数世界之外,而这世界中的众生都不能察知自己之所往;然后菩萨又将这三千大千世界放置原处,都不会使其中的众生有往来的想法，而这个世界的本相还是和原来一样。还有，舍利弗！如果有些众生乐于久住世间，而且由此可以得度者，菩萨便演变七日成为一劫，使这些众生以为七日就是一劫时间；如果有些众生不愿意久住世间，而且由此可以得度者，菩萨便将一劫变为七日，使这些众生以为一劫就是七日时间。还有，住于不可思议境界的菩萨，能够将一切佛土的庄严饰物集中在一国佛土中，展示给众生；菩萨又能将一整个佛土的众生置于右掌之上，飞到十方世界，遍示一切众生，而此佛土众生如如不动，还在原处。还有，舍利弗！十方世界众生供养诸佛的一切庄严器物，菩萨能让其全部显现于一毛孔中，使众生都能看见；十方国土的所有日月星宿，菩萨也能让其全部显现于一毛孔中，使众生都能看见。还有，舍利弗！十方世界的所有诸风，菩萨都能全部吸入口中，而自己的身体毫无损坏，外界的各种树木也不会因此受到摧折；当十方世界劫尽燃烧时，菩萨还能把十方世界一切大火吸入腹中，大火在腹中燃烧如故，但不会对菩萨的身体造成伤害；菩萨还能从下方越过恒河沙数诸佛世界，断取任取一佛国国土，举到上方，越过恒河沙数无量世界，犹如以针尖挑举一片枣叶，而毫无障碍。还有，舍利弗！住于不可思议境界的菩萨，能以神通显现为佛身，或者显现为辟支佛身，或者显现为声闻身，或者显现为帝释身，或者显现为梵王身，或者显现为世间君主身，或者显现为转轮圣王身；另外，十方世界中的各种声音，上中下音，菩萨都能将其变成佛的声音，并让这种声音演说出无常、苦、空、无常、无我等佛教义理，以及十方世界一切诸佛所宣说的种种正法，都在这种声音演说之中，普令一切众生能够听闻。舍利弗！我现在只是简略地说说住于不可思议境界菩萨的不可思议解脱力，如果要详细地说，即使穷尽这一劫的时间也说不完。"

是时，大迦叶闻说菩萨不可思议解脱法门，叹未曾有，谓舍利弗："譬如有人，于盲者前现众色像，非彼所见；一切声闻，闻是不可思议解脱法门，不能解了，为若此也。智者闻是，其谁不发阿耨多罗三藐三菩提心？我等何为？永绝其根，于此大乘，已如败种。一切声闻，闻是不可思议解脱法门，皆应号泣，声震三千大千世界；一切菩萨，应大欣庆，顶受此法。若有菩萨信解不可思议解脱法门者，一切魔众无如之何！"大迦叶说此语时，三万二千天子，皆发阿耨多罗三藐三菩提心。

尔时，维摩诘语大迦叶："仁者！十方无量阿僧祇世界中作魔王者，多是住不可思议解脱菩萨，以方便力故，教化众生，现作魔王。又，迦叶！十方无量菩萨，或有人从乞手足耳鼻、头目髓脑、血肉皮骨、聚落城邑、妻子奴婢、象马车乘、金银琉璃、砗磲玛瑙、珊瑚琥珀、真珠珂贝、衣服饮食，如此乞者，多是住不可思议解脱菩萨，以方便力而往试之，令其坚固。所以者何？住不可思议解脱菩萨，有威德力，故行逼迫，示诸众生如是难事。凡夫下劣，无有力势，不能如是逼迫菩萨。譬如龙象蹴踏①，非驴所堪。是名住不可思议解脱菩萨智慧方便之门。"

注释：
①蹴（cù）踏：践踏。

译文：

这时，大迦叶听了维摩诘演说的菩萨不可思议解脱法门之后，赞叹这是前所未闻之法，便对舍利弗说："譬如有人，在盲者眼前展现各种色相，而盲者却一无所见；一切声闻乘人，听到这样的不可思议解脱法门，却无法理解，正如盲者看不见色相一样啊。通达智慧者听到这种法门后，还会有谁不发起无上正等正觉之心呢？我们小乘众还能有何作为呢？我们永远断绝了大乘根器，对于大乘之道已经如同焦芽败种，永远无法修证了。一切声闻众听到这种不可思议解脱法门后，都应该号啕哭泣，哭声远震三千大千世界；而一切菩萨听到这种不可思议解脱法门，都应该欢欣相庆，顶礼受持这种法门。如果有菩萨信解此不可思议解脱法门，一切魔众都对他无可奈何！"当大迦叶说这话的时候，三万二千天子，皆发起无上正等正觉之心。

其时，维摩诘对大迦叶说："仁者！十方无量数阿僧祇世界中为魔王者，多是住于不可思议解脱境界的菩萨，为了以其方便力教化众生，而现身为魔王。还有，大迦叶！十方世界无量菩萨，或者有人向他们乞讨，要求他们布施手足耳鼻、头目髓脑、血肉皮骨、聚落城邑、妻子奴婢、象马车乘、金银琉璃、砗磲玛瑙、珊瑚琥珀、真珠珂贝、衣服饮食，这样的乞讨者，多是住于不可思议解脱境界的菩萨,以其方便力去考验那些行布施的菩萨,使其修道之心坚固。为什么呢? 因为住于不可思议解脱境界的菩萨,具有强大的威德之力,所以能够逼迫行布施的菩萨,来向众生展示如此难为之事。凡夫及下劣位者,没有强大的威德势力,不能这样来逼迫行布施的菩萨。譬如龙象践踏的气势,绝非驴子所能做到的。这就叫做住于不可思议解脱境界菩萨的智慧方便法门。"

观众生品第七

　　本品通过文殊菩萨与维摩诘的相互问答，阐述了应如何观待众生，如何解脱众生等重要问题。本品认为众生皆虚幻不实，如幻师见所幻人、如水中月、镜中像、热时焰、呼声响、空中云、水聚沫、水上泡等；在此基础上，本品阐释了大乘佛教的慈、悲、喜、舍之菩萨行，从而得出"从无住本立一切法"的结论。

　　本品还通过天女与舍利弗论辩男女之相，揭示男女无定相、众生如梦幻，破除小乘众对于"法"的执着，宣扬了实无所得的菩提智慧以及"从无住本立一切法"的般若思想。

　　概之，本经强调"无住为本"，"从无住本立一切法"，这是因为无住则无颠倒想，无颠倒想则无虚妄分别，无虚妄分别则无欲贪，无欲贪则无我执，无我执则不善不生，善法不灭。如此则正念当行，烦恼断除，众生得度，成就菩萨如来功德。

　　尔时，文殊师利问维摩诘言："菩萨云何观于众生？"

　　维摩诘言："譬如幻师，见所幻人，菩萨观众生为若此。如智者见水中月，如镜中见其面像，如热时焰，如呼声响，如空中云，如水聚沫，如水上泡，如芭蕉坚，如电久住，如第五大，如第六阴，如第七情，如十三入，如十九界①，菩萨观众生为若此。如无色界色，如焦谷芽，如须陀洹身见②，如阿那含入胎③，如阿罗汉三毒④，如得忍菩萨贪恚毁禁⑤，如佛烦恼习，如盲者见色，如入灭尽定出入息⑥，如空中鸟迹，如石女儿，如化人烦恼，如梦所见已寤⑦，如灭度者受身，如无烟之火，菩萨观众生为若此。”

文殊师利言：“若菩萨作是观者，云何行慈？”

维摩诘言：“菩萨作是观已，自念：我当为众生说如斯法，是即真实慈也。行寂灭慈，无所生故；行不热慈，无烦恼故；行等之慈，等三世故；行无诤慈，无所起故；行不二慈，内外不合故⑧；行不坏慈，毕竟尽故⑨；行坚固慈，心无毁故；行清净慈，诸法性净故；行无边慈，如虚空故；行阿罗汉慈，破结贼故⑩；行菩萨慈，安众生故；行如来慈，得如相故；行佛之慈，觉众生故；行自然慈，无因得故；行菩提慈，等一味故；行无等慈，断诸爱故；行大悲慈，导以大乘故；行无厌慈，观空无我故；行法施慈，无遗惜故；行持戒慈，化毁禁故；行忍辱慈，护彼我故；行精进慈，荷负众生故；行禅定慈，不受味故；行智慧慈，无不知时故；行方便慈，一切示现故；行无隐慈，直心清净故；行深心慈，无杂行故；行无诳慈，不虚假故；行安乐慈，令得佛乐故。菩萨之慈，为若此也。”

文殊师利又问：“何谓为悲？”

答曰：“菩萨所作功德，皆与一切众生共之。”

“何谓为喜？”

答曰:"有所饶益,欢喜无悔。"

"何谓为舍?"

答曰:"所作福佑,无所希望。"

文殊师利又问:"生死有畏,菩萨当何所依?"

维摩诘言:"菩萨于生死畏中,当依如来功德之力。"

文殊师利又问:"菩萨欲依如来功德之力,当于何住?"

答曰:"菩萨欲依如来功德力者,当住度脱一切众生。"

又问:"欲度众生,当何所除?"

答曰:"欲度众生,除其烦恼。"

又问:"欲除烦恼,当何所行?"

答曰:"当行正念。"

又问:"云何行于正念?"

答曰:"当行不生不灭。"

又问:"何法不生?何法不灭?"

答曰:"不善不生,善法不灭。"

又问:"善不善,孰为本?"

答曰:"身为本。"

又问:"身孰为本?"

答曰:"欲贪为本。"

又问:"欲贪孰为本?"

答曰："虚妄分别为本。"

又问："虚妄分别孰为本？"

答曰："颠倒想为本。"

又问："颠倒想孰为本？"

答曰："无住为本⑪。"

又问："无住孰为本？"

答曰："无住则无本。文殊师利，从无住本立一切法⑫。"

注释：

①如第五大，如第六阴，如第七情，如十三入，如十九界：世间只有四大、五阴、六情、十二入、十八界，因此，所谓"第五大"、"第六阴"、"第七情"、"十三入"、"十九界"等，皆为虚幻不实之物。

②须陀洹（huán）：声闻乘四种果位的初位，意为"入流"，即初入圣人之流；既已入圣，已断见惑，故不复有身见。声闻乘的四种果位，即须陀洹果、斯陀含果、阿那含果、阿罗汉果。斯陀含，声闻乘第二果位，意为"一来"，即修到此果位者，还未能完全断绝欲界思惑，仍需要在天界人间各受生一次。余二见下注。

③阿那含：声闻乘第三果位，意为"不还"，即修到此果位者，不再生于欲界，而生于色界、无色界；不再生于欲界，故不复有入胎之事。

④阿罗汉：声闻乘第四果位，意为"不生"，即修到此果位

者,已经解脱生死,断尽一切烦恼,所作已办,不受后有;已断尽一切烦恼,故不复有贪、瞋、痴三毒。

⑤得忍菩萨:即证得无生法忍的菩萨。心结永除,已不复有贪恚。僧肇《注维摩诘经》卷六:"七住得无生忍,心结永除,况毁禁粗事乎?"

⑥灭尽定:又作"灭受想定",指灭尽心、心所一切意识的禅定。声闻乘中证得阿那含果位者所修的禅定,入定时间可达七日,定中没有呼吸之事,故不复有出入息。

⑦寤(wù):睡醒。

⑧内外不合:内外六入不相对待,因为本性皆空。罗什说:"内外,内外入也。内外为二,相对为合。"僧肇说:"内慈外缘,俱空无合。"(僧肇《注维摩诘经》卷六)内外,内外六入,我我所。合,相对。

⑨毕竟尽:法性。梵文、奘译为"毕竟住"。僧肇:"无缘真慈,慈相永尽,何物能坏?"(僧肇《注维摩诘经》卷六)

⑩结贼:结,为"烦恼"之异名;烦恼能缠缚、妨害众生,故称"结贼"。

⑪无住:即无所执着。住,执着。

⑫从无住本立一切法:这句话玄奘译为:"夫无住者,即无其本,亦无所住。由无其本、无所住故,即能建立一切法。""无住为本"是本经的核心思想,历代各宗对此理解颇有差异。

译文:

其时,文殊菩萨问维摩诘道:"菩萨应当如何看待众生?"

维摩诘答道："譬如魔术师看待自己所变化出来的幻人，菩萨看待众生就是这样。如同智者看见水中之月，如同在镜子中看见自己的面相，如同天热时的阳焰虚影，如同呼声的回响，如同空中的浮云，如同水中的聚沫，如同水上的气泡，如同芭蕉之心的坚实，如同闪电长久留住，如同第五大，如同第六阴，如同第七情，如同第十三入，如同第十九界，菩萨看待众生就是这样。如同无色界之色相，如同烧焦的谷种所发之芽，如同已证须陀洹果者之身见，如同已证阿那含果者之入胎受生，如同已证阿罗汉果者之贪、瞋、痴三毒，如同已证无生法忍菩萨之贪恚犯禁，如同已证佛果者之烦恼习气，如同盲人看见的色相，如同已入灭定者的呼吸，如同空中飞鸟的痕迹，如同石女的儿子，如同幻化之人的烦恼，如同梦中见到的梦醒，如同已证涅槃者的受身，如同无烟之火，菩萨看待众生就是这样。"

　　文殊菩萨问道："如果菩萨这样看待众生，那他们应该怎样修行慈心呢？"

　　维摩诘答道："菩萨在这样看待众生后，然后心里这样想：我应当为众生演说这样的法门，这就是真正的修行大慈。菩萨应当修行寂灭慈，因为一切诸法本无所生的缘故；修行不热慈，因为没有爱染烦恼的缘故；修行平等慈，因为过去、现在、未来三世平等的缘故；修行无诤慈，因为诤论无所生起的缘故；修行不二慈，因为内外六入不相对待的缘故；修行不坏慈，因为安住于终极法性的缘故；修行坚固慈，因为道心坚固不可毁坏的缘故；修行清净慈，因为一切诸法本性清净的缘故；修行无边慈，因为慈心如同虚空的缘故；修行阿罗汉慈，因为破除烦恼结贼的缘故；修行菩萨慈，因为安乐众生的缘故；修行如来慈，因为证得如如实相的缘故；修行佛之慈，因为觉悟众生的缘故；修行自然慈，因为无因自得的缘故；修行菩提慈，因为平等一味的缘故；修行无等慈，因为断除一切贪爱的缘故；修行大悲慈，因为以大乘佛法化导众生的缘故；修行无厌慈，因为观悟诸法皆空、无人无我的缘故；修行法施慈，因为布施佛法无所保留吝惜的缘故；修行持戒慈，因为化导毁禁犯戒的缘故；修行忍辱慈，因为护持对方和自我的缘故；修行精进慈，因为荷担众生的缘故；修行禅定慈，因为不受五欲之味诱惑的缘故；修行智慧慈，因为通达时宜而不于中途取证的缘故；修行方便慈，因为随缘示现一切的缘故；修行无隐慈，因为直心清净的缘故；修行深心慈，因为信心坚固，没有杂乱不纯行为的缘故；修行无诳慈，因为不虚假的缘故；修行安乐慈，因为欲使一切众生获得诸佛涅槃安乐的缘故。菩萨之行慈，就应该是这样。"

文殊菩萨又问："那什么叫做悲呢？"

维摩诘答道："菩萨把自己所做一切功德，都与一切众生共有。"

"那什么叫做喜呢？"

答道："只要对众生有所饶益的事情，都能欢喜无悔地去做。"

"那什么叫舍呢？"

答道："所做一切福德善业，都不希望得到回报。"

文殊菩萨又问："对生死有怖畏的菩萨，应当依持什么呢？"

维摩诘答道："菩萨在生死怖畏中，应当依持如来的功德之力。"

文殊菩萨又问道："菩萨想要依持如来的功德之力，应当安住于何处呢？"

答道："菩萨想要依持如来的功德之力，应当安住于度脱一切众生上。"

又问："菩萨想要度脱众生，应当除掉他们身上的什么东西呢？"

答道："菩萨想要度脱众生，应当除掉他们的烦恼。"

又问："菩萨想要除掉众生的烦恼，应当修行什么呢？"

答道："应当修行正念。"

又问："如何修行正念呢？"

答道："应当修行不生不灭。"

又问："什么不生？什么不灭呢？"

答道："不善法不生，善法不灭。"

又问："善与不善，以什么为根本呢？"

答道："以身体为根本。"

又问："身体又以什么为根本呢？"

答道："以贪欲为根本。"

又问："贪欲又以什么为根本呢？"

答道："以虚妄分别为根本。"

又问："虚妄分别又以什么为根本呢？"

答道："以颠倒妄想为根本。"

又问："颠倒妄想又以什么为根本呢？"

答道："以无住为根本。"

又问:"无住又是以什么为根本呢?"

答道:"无住就是没有根本。文殊师利,从无所住、无其本的基础上建立一切诸法。"

时,维摩诘室,有一天女,见诸大人,闻所说法,便现其身,即以天华,散诸菩萨、大弟子上。华至诸菩萨,即皆堕落,至大弟子,便著不堕。一切弟子神力去华,不能令去。

尔时,天问舍利弗:"何故去华?"

答曰:"此华不如法,是以去之。"

天曰:"勿谓此华为不如法。所以者何?是华无所分别,仁者自生分别想耳。若于佛法出家,有所分别,为不如法;若无所分别,是则如法。观诸菩萨华不著者,已断一切分别想故。譬如人畏时,非人得其便;如是弟子畏生死故,色声香味触得其便也;已离畏者,一切五欲无能为也。结习未尽①,华著身耳;结习尽者,华不著也。"

舍利弗言:"天止此室,其已久如?"

答曰:"我止此室,如耆年解脱②。"

舍利弗言:"止此久耶!"

天曰:"耆年解脱,亦何如久?"

舍利弗默然不答。

天曰:"如何耆旧,大智而默?"

答曰："解脱者，无所言说，故吾于是不知所云。"

天曰："言说文字，皆解脱相。所以者何？解脱者，不内不外，不在两间。文字亦不内不外，不在两间。是故，舍利弗！无离文字说解脱也。所以者何？一切诸法是解脱相。"

舍利弗言："不复以离淫怒痴为解脱乎？"

天曰："佛为增上慢人③，说离淫怒痴为解脱耳；若无增上慢者，佛说淫怒痴性，即是解脱。"

舍利弗言："善哉！善哉！天女，汝何所得？以何为证？辩乃如是。"

天曰："我无得无证④，故辩如是。所以者何？若有得有证者，则于佛法为增上慢。"

注释：

①结习：指烦恼习气。结，烦恼。习，习气。

②耆（qí）年：指六十岁以上的老人。这里是对舍利弗的尊称。

③增上慢：指未证得圣道而谓已证得的傲慢之心。增上，增强其向上之势。慢，傲慢。《俱舍论》卷十九："于未证得殊胜德中，谓已证得，名增上慢。"

④无得无证：罗什说："有为果言得，无为果言证。"（僧肇《注维摩诘经》卷六）

译文：

当时，在维摩诘的居室中，有一位天女，见到诸位菩萨大士，听闻他们演说佛法，便显现出其身形，并将天花散在各位菩萨和大弟子身上。当天花飘到各位菩萨身上时，便纷纷坠落到地上，而当天花飘落到众大弟子身上时，便都沾在他们的身上而不坠落下来。即使众大弟子使尽他们的一切神力，也不能拂去那些天花。

其时，天女便问舍利弗："您为什么要拂去天花呢？"

舍利弗答道："这些天花不如法，所以要去掉。"

天女说："不要认为这些天花不如法。为什么呢？因为这花本身无所分别，仁者您自己妄生分别想而已。如果皈依佛法而出家，心中仍有分别，就是不如法；如果心中无所分别，那就是如法。您看诸位花不沾身的菩萨，那是因为他们都已经断除一切分别妄想的缘故。譬如人恐惧的时候，那些妖魔鬼怪就会乘机侵害；同样，你们这些大弟子因为畏惧生死，所以外界的色、声、香、味、触五欲就会趁机作祟；而那些已经无所畏惧者，一切五欲都对他无可奈何了。烦恼习气尚未除尽者，天花就会沾在身上；烦恼习气已经除尽者，天花就不会沾在身上。"

舍利弗说："你待在这居室之中，已经多久了呢？"

天女答道："我待在这居室的时间，和尊者您获得解脱的时间一样久。"

舍利弗道："你待在这里竟然已经这么久了啊！"

天女问道："尊者您获得解脱的时间，到底有多久呢？"

舍利弗默然不答。

天女说:"尊者怎么啦,难道是因为具有大智慧而默然不语吗?"

舍利弗答道:"因为解脱不可言说,所以我对此不知道该如何回答。"

天女说:"言说文字,都具有解脱相。为什么呢?所谓解脱,既不在内,也不在外,又不在内外之间。言说文字也是这样,既不在内,也不在外,又不在内外之间。所以,舍利弗!不要离开言语文字而说解脱。为什么呢?因为一切诸法都具有解脱相。"

舍利弗问道:"那么,难道不再以断除贪、瞋、痴三毒者当作解脱了吗?"

天女说:"佛祖为教化增上慢者而演说断除贪、瞋、痴三毒才是解脱;而对于那些没有增上慢者,佛祖为他们演说贪、瞋、痴三毒的本性就是解脱。"

舍利弗道:"好啊!好啊!天女啊,你究竟修得了什么道行?证取了什么果位?竟然具有这般的智慧辩才。"

天女道:"我无修无证,所以才有如此的智慧辩才。为什么呢?如果有人自认为有所修有所证的话,那么对于佛法而言,就是增上慢了。"

舍利弗问天:"汝于三乘①,为何志求?"

天曰:"以声闻法化众生故,我为声闻;以因缘法化众生故,我为辟支佛;以大悲法化众生故,我为大乘。舍利弗!如人入薝蔔林②,唯嗅薝蔔,不嗅余香。

如是若入此室，但闻佛功德之香，不乐闻声闻、辟支佛功德香也。舍利弗！其有释、梵、四天王、诸天龙鬼神等，入此室者，闻斯上人讲说正法，皆乐佛功德之香，发心而出。舍利弗！吾止此室十有二年，初不闻说声闻、辟支佛法，但闻菩萨大慈大悲，不可思议诸佛之法。

"舍利弗！此室常现八未曾有难得之法。何等为八？此室常以金色光照，昼夜无异，不以日月所照为明，是为一未曾有难得之法；此室入者，不为诸垢之所恼也，是为二未曾有难得之法；此室常有释、梵、四天王、他方菩萨来会不绝，是为三未曾有难得之法；此室常说六波罗蜜、不退转法，是为四未曾有难得之法；此室常作天人第一之乐，弦出无量法化之声，是为五未曾有难得之法；此室有四大藏，众宝积满，周穷济乏，求得无尽，是为六未曾有难得之法；此室释迦牟尼佛、阿弥陀佛、阿閦佛、宝德、宝炎、宝月、宝严、难胜、师子响、一切利成，如是等十方无量诸佛，是上人念时，即皆为来，广说诸佛秘要法藏，说已还去，是为七未曾有难得之法；此室一切诸天严饰宫殿，诸佛净土，皆于中现，是为八未曾有难得之法。舍利弗！此室常现八未曾有难得之法，谁有见斯不思议事，而复乐于声闻法乎？"

注释：

①三乘：指声闻乘、缘觉乘、菩萨乘。

②薝蔔（zhān bo）林：即薝蔔树林。薝蔔，梵语音译，一种树木，开黄色花，香气馥郁。一说夏天开白花。

译文：

舍利弗问天女道："你对于佛法三乘，有什么志愿追求呢？"

天女道："如果遇到那些应以声闻四谛法教化的众生，我即为声闻；如果遇到那些应以十二因缘法教化的众生，我即为辟支佛；如果遇到那些应以慈悲大法教化的众生，我即为大乘。舍利弗！如同人们进入薝蔔林中，只嗅到薝蔔花香，闻不到其他香味一样。正如这样，如果人们进入此居室中，便只能闻到诸佛功德的香气，而不再乐于闻声闻、辟支佛功德的香气了。舍利弗！那些帝释天、梵天、四天王、诸天龙鬼神等进入此居室中，听闻维摩诘上人讲说大乘正法，都唯乐闻佛祖功德之香，发起无上正等正觉之心，然后离去。舍利弗！我待在这居室之中已有十二年，从来未曾听到维摩诘居士讲说声闻四谛法和辟支佛十二缘起法门，只是经常听到他宣讲菩萨大慈大悲不可思议诸佛正法。

"舍利弗！这居室之中，经常显现八种未曾有过的奇妙难得之法。有哪八种呢？这居室之中常有金色光明周遍照耀，昼夜无异，不假以日月所照之光而明，这是第一种未曾有难得之法；进入此居室者，都不再被世间的种种尘垢烦恼所侵扰，这是第二种未曾有难得之法；这居室之中常有帝释天、梵天、四天王以及十方世界的众多菩萨，络绎不绝前来相会，这是第三种未曾有难得之法；这居室之中经常演说六种波罗蜜和种种不退转法门，这是第四种未曾有难得之法；这居室之中经常演奏天界人间第一美妙的音乐，演化出无量百千法音，这是第五种未曾有难得之法；这居室之中有四大宝藏，积满各种珍宝，用以周济穷困，众生取之不尽，这是第六种未曾有难得之法；在这居室之中，释迦牟尼佛、阿弥陀佛、阿閦佛、宝德佛、宝炎佛、宝月佛、宝严佛、难胜佛、师子响佛、一切利成佛，如是等等十方无量诸佛，只要维摩诘上人心中想念，都会立即应其心念前来，广为宣说诸佛如来秘密法门，说完之后便又回去，这是第七种未曾有难得之法；这居室之中，一切诸天美丽庄严的宫殿以及十方诸佛净土，都会完全显现，这是第八种未曾有难得之法。舍利弗！这居室之中常常显现这八种未曾有难得之法，有谁看见这等不可思议的事情后，还会乐于求取声闻法呢？"

舍利弗言："汝何以不转女身？"

天曰："我从十二年来，求女人相了不可得，当何所转？譬如幻师化作幻女，若有人问：'何以不转女身？'是人为正问不？"

舍利弗言："不也。幻无定相，当何所转？"

天曰："一切诸法，亦复如是，无有定相。云何乃问不转女身？"

即时天女以神通力，变舍利弗，令如天女；天自化身，如舍利弗，而问言："何以不转女身？"

舍利弗以天女像而答言："我今不知何转而变为女身。"

天曰："舍利弗！若能转此女身，则一切女人亦当能转。如舍利弗，非女而现女身，一切女人，亦复如是，虽现女身，而非女也。是故，佛说一切诸法，非男非女。"即时，天女还摄神力，舍利弗身还复如故。

天问舍利弗："女身色相，今何所在？"

舍利弗言："女身色相，无在无不在。"

天曰："一切诸法，亦复如是，无在无不在。夫无在无不在者，佛所说也。"

译文：

舍利弗问天女道："您为何不转变女身而成为男身呢？"

天女答道："我这十二年来，寻求自己原本的女人身相都找不到，还有什么女人身相可以转变的呢？譬如魔术师变化出虚幻的女子后，如果有人问她：'你为何不转变女身而成为男身呢？'这人问得对不对呢？"

舍利弗答道："不对。幻化之人本无定相，又怎么能转变女身成为男身呢？"

天女说："一切诸法，也都是这样的，本来就没有定相。怎么会问不转女身为男身呢？"

随即，天女运用神通之力，将舍利弗变为天女的模样；而天女自己则变身为舍利弗的形貌，并对舍利弗说："您为何不转变女身而成为男身呢？"

此时舍利弗以天女形相回答道："我现在甚至还不知道怎么变为女身。"

天女说:"舍利弗!如果您自己能够转变这女身为男身,那么,一切女人也都可以转女身为男身。如同您舍利弗并非女人而显现女身,一切女人也是这样,虽然显现女身却并非女人。天底下的女人也都是这样,虽然现女人身相,但并非女人。所以,佛说一切诸法非男非女。"随即,天女收回神力,舍利弗的身体恢复了原来的样子。

天女问舍利弗道:"您刚才所呈现的女人身相,现在到哪里去了?"

舍利弗答道:"女人身相,既不存在又无所不在。"

天女说道:"一切诸法也都是这样,既不存在又无所不在。既不存在又无所不在,这正是佛祖所说的正法。"

舍利弗问天:"汝于此没,当生何所?"

天曰:"佛化所生,吾如彼生。"

曰:"佛化所生,非没生也。"

天曰:"众生犹然,无没生也。"

舍利弗问天:"汝久如当得阿耨多罗三藐三菩提?"

天曰:"如舍利弗还为凡夫,我乃当成阿耨多罗三藐三菩提。"

舍利弗言:"我作凡夫,无有是处。"

天曰:"我得阿耨多罗三藐三菩提,亦无是处。所以者何?菩提无住处①,是故无有得者。"

舍利弗言:"今诸佛得阿耨多罗三藐三菩提,已得当得,如恒河沙,皆谓何乎?"

天曰:"皆以世俗文字数故,说有三世,非谓菩提有去来今。"

天曰:"舍利弗!汝得阿罗汉道耶?"

曰:"无所得故而得。"

天曰:"诸佛菩萨,亦复如是,无所得故而得。"

尔时,维摩诘语舍利弗:"是天女已曾供养九十二亿诸佛,已能游戏菩萨神通,所愿具足,得无生忍,住不退转;以本愿故,随意能现,教化众生。"

注释:

①无住处:没有住处。僧肇《注维摩诘经》卷六:"菩提之道,无为无相,自无住处。"大珠慧海禅师《顿悟入道要门论》:"问:'心住何处即住?'答:'住无住处即住。'问:'云何是无住处?'答:'不住一切处,即是住无住处。''云何是不住一切处?'答:'不住一切处者,不住善恶有无内外中间;不住空,亦不住不空;不住定,亦不住不定;即是不住一切处。只个不住一切处,即是住处也。'"

译文:

舍利弗问天女道:"你在这里去世以后,将会往生到哪里呢?"

天女答道:"佛祖化身应缘受生,我如同佛祖化身一样,随缘受生。"

舍利弗说:"佛祖化身应缘受生,并没有所谓的此死彼生啊。"

天女说:"众生也是这样,并没有所谓的死此生彼。"

舍利弗问天女道:"你还需要多长时间才能证得无上正等正觉?"

天女答道:"如果舍利弗退还为凡夫,我就能证得无上正等正觉了。"

舍利弗说:"我已经是阿罗汉了,要退还为凡夫,没有这种道理。"

天女答道:"我证得无上正等正觉,也同样没有这种道理。为什么呢?因为无上正等正觉没有住处,所以也没有证得无上正等正觉者。"

舍利弗又问道:"现在十方诸佛已证得无上正等正觉,以及过去已经证得和将来应当证得者,多如恒河沙数,这都是什么意思呢?"

天女答道:"这都是因为用世俗文字数目表达的缘故,所以才说有过去、现在、未来三世诸佛证得的说法,并不是说菩提有过去、现在、未来。"

天女问道:"舍利弗!您已经证得阿罗汉道果了吗?"

舍利弗答道:"我因为无所得而证得阿罗汉道果。"

天女说:"诸佛菩萨,也都是这样,因为无所得而证得菩提。"

其时,维摩诘告诉舍利弗:"这位天女已经供养过九十二亿十方诸佛，通达菩萨神通，任运无碍，所发愿行具足成就，已经证得无生法忍，安住于不退转地；因为其菩萨本愿的缘故，所以能够随意示现，教化一切众生。"

佛道品第八

　　本品通过文殊菩萨与维摩诘对论"云何通达佛道"及"何等为如来种"等问题，论述了众生身、一切烦恼皆为佛种的佛性论以及"菩萨行于非道，是为通达佛道"的修行论，从而将出世间与世间统一起来，突出了大乘佛教深入世间的基本方向，同时也凸显了大乘佛教的慈悲利他精神。《维摩诘经》所倡导的非道即佛道、烦恼即菩提、出世即入世等思想，其根据就是本经的理论核心——不二法门。

　　尔时，文殊师利问维摩诘言："菩萨云何通达佛道？"

　　维摩诘言："若菩萨行于非道，是为通达佛道。"

　　又问："云何菩萨行于非道？"

　　答曰："若菩萨行五无间①，而无恼恚；至于地狱，无诸罪垢；至于畜生，无有无明憍慢等过②；至于饿鬼③，而具足功德；行色、无色界道，不以为胜。示行贪欲，离诸染著；示行瞋恚，于诸众生无有恚碍；示行愚痴，而以智慧调伏其心。

　　"示行悭贪，而舍内外所有，不惜身命；示行毁禁，而安住净戒，乃至小罪犹怀大惧；示行瞋恚，而常慈忍；示行懈怠，而勤修功德；示行乱意，而常念定；示行愚痴，而通达世间出世间慧；示行谄伪，而善方便随诸经义；示行憍慢，而于众生犹如桥梁；示行诸烦恼，而心常清净；示入于魔，而顺佛智慧，不随他教。

"示入声闻，而为众生说未闻法；示入辟支佛，而成就大悲，教化众生；示入贫穷，而有宝手功德无尽；示入形残，而具诸相好，以自庄严；示入下贱，而生佛种性中，具诸功德；示入羸劣丑陋，而得那罗延身④，一切众生之所乐见；示入老病，而永断病根，超越死畏；示有资生，而恒观无常，实无所贪；示有妻妾婇女，而常远离五欲淤泥；现于讷钝⑤，而成就辩才，总持无失；示入邪济⑥，而以正济度诸众生；现遍入诸道，而断其因缘；现于涅槃，而不断生死。文殊师利！菩萨能如是行于非道，是为通达佛道。"

注释：

①五无间：指"五无间罪"或"五无间地狱"。五无间罪，指杀母、杀父、杀阿罗汉、破和合僧、出佛身血等"五逆罪"。此五种罪业能招感无间地狱之苦果，故又称"五无间业"。五无间地狱，又称即"阿鼻地狱"，为八大地狱之最苦处，众生随所造业堕此地狱，所受苦报永无间断。"五无间"指受苦无间、身形无间、罪器无间、众类无间、时间无间。僧肇《注维摩诘经》卷七："什曰：'五无间罪业也，地狱至饿鬼恶趣果报也。'肇曰：'五逆罪必由恼恚生。此罪舍身必入地狱受苦无间也。菩萨示行五逆

而无恼恚，是由不以逆为逆，故能同逆耳。若以逆为逆者，孰敢同之。'"梵文本及奘译本为"五无间趣"。

②无明：又名"痴"或"痴愚"，意为不能明了事物的真实相状及不能通达真理，特指对佛法真理的愚昧无知。佛教认为，"无明"是无始以来就有的，是一切生死痛苦的总根源，由于无明而执着于各种贪欲，便会生起种种烦恼，造下种种惑业，依业受报，即有轮回之苦。

③饿鬼："三恶道"之一。

④那罗延：天上力士的名字，或说为梵天之别名，或说为欲界之毗纽天。僧肇说："那罗延，天力士名也。端正殊妙，志力雄猛。"

⑤讷钝：言语木讷，反应迟钝，意思是不善言说。

⑥邪济：外道，邪道。下文"正济"，指正道。济，济度，此处有"渡口"之意。奘译为"邪道"、"正道"。

译文：

其时，文殊师利菩萨问维摩诘道："菩萨如何才能通达佛法正道？"

维摩诘答道："如果菩萨修行非正道，就是通达佛法正道。"

文殊菩萨又问："菩萨怎样修行非正道呢？"

维摩诘答道："如果菩萨进入五无间道，而没有烦恼瞋恚；进入地狱道，而没有种种罪业污垢；进入畜生道，而没有无明、骄慢等过失；进入饿鬼道，而能具足一切功德；进入色、无色界道，而不以此为殊胜。虽然示现贪欲之相，而远离种种爱染执着；虽然示现瞋恚之相，而对一切众生毫无怨怼之意、侵害之心；虽然示现愚痴之相，而能以智慧调伏其心。

"虽然示现悭吝贪婪之相，而能舍弃身内身外一切所有，不惜身体和性命；虽然示现毁禁犯戒之相，而能安住于清净戒律，乃至对于小罪也怀有极大的畏惧；虽然示现瞋恚之相，而常怀慈悲忍让之心；虽然示现懈怠之相，而能勤修种种功德善行；虽然示现心意烦乱之相，而常常住心于定境；虽然示现愚痴之相，而能通达一切世间、出世间的智慧；虽然示现谄伪之相，而能通达方便，随顺经义；虽然示现骄慢之相，而能成为济度众生到达解脱彼岸的桥梁；虽然示现种种烦恼之相，而心常清净，究竟无染；虽然示现入于魔道，而能随顺佛法智慧，不依从其他学说。

"虽然示现入于声闻乘，而能为众生演说未曾听闻的大乘法；虽然示现入于辟支佛乘，而能成就菩萨大悲宏愿，教化众生；虽然示现贫穷之相，而有能出无尽珍宝的宝手，普济广施，功德无量；虽然示现残疾之相，而具有种种相好，庄严自身；虽然示现下贱之相，而生于佛之种性中，具足一切功德；虽然示现瘦弱丑陋之相，而具有那罗延那样威猛强壮的身体，一切众生都乐于见到；虽然示现衰老病患之相，而已经永断病根，超越了对死亡的畏惧；虽然示现有种种世间资生产业，而能恒常观照念世间无常，实际上一无所贪；虽然示现拥有妻妾婇女，而恒常远离五欲的淤泥；虽然示现木讷迟钝之相，而能成就无碍辩才，总持一切法门，无一遗漏；虽然示现入于邪道，而以正道救度一切众生；虽然示现为遍入六道诸趣，而实际上已经永远断绝一切趣生因缘；虽然示现入于涅槃之境，而不断灭生死。文殊师利！菩萨能够这样修行非正道，就是通达佛法正道。"

于是，维摩诘问文殊师利："何等为如来种？"

文殊师利言："有身为种，无明有爱为种，贪恚痴为种①，四颠倒为种②，五盖为种③，六入为种，七识处为种④，八邪法为种，九恼处为种⑤，十不善道为种，以要言之，六十二见及一切烦恼皆是佛种。"

曰："何谓也？"

答曰："若见无为入正位者，不能复发阿耨多罗三藐三菩提心。譬如高原陆地，不生莲华；卑湿淤泥，乃生此华。如是，见无为法入正位者，终不复能生于佛法；烦恼泥中，乃有众生起佛法耳。又如植种于空，终不得生；粪壤之地，乃能滋茂。如是，入无为正位者，不生佛法；起于我见如须弥山，犹能发于阿耨多罗三藐三菩提心，生佛法矣。是故，当知一切烦恼，为如来种。譬如不下巨海，不能得无价宝珠；如是，不入烦恼大海，则不能得一切智宝。"

尔时，大迦叶叹言："好啊！好啊！文殊师利，快说此语！诚如所言，尘劳之俦⑥，为如来种。我等今者，不复堪任发阿耨多罗三藐三菩提心。乃至五无间罪，犹能发意，生于佛法，而今我等永不能发，譬如根败之士⑦，其于五欲不能复利。如是，声闻诸结断者，于佛法中，无所复益，永不志愿。是故，文殊师利，凡夫于佛法有反复^⑧，而声闻无也。所以者何？凡夫闻佛法，能起无上道心，不断三宝；正使声闻终身闻佛法，力、无畏等^⑨，永不能发无上道意。"

注释：

①贪恚（huì）痴：即贪、瞋、痴"三毒"。

②四颠倒：即四种颠倒妄见。"四颠倒"有两种：一、凡夫四颠倒（亦称"有为四颠倒"），指世俗凡夫以无常为常，以苦为乐，以无我为我，以不净为净；二、二乘四颠倒（亦称"无为四颠倒"），指声闻、缘觉二乘人把涅槃四德"常、乐、我、净"误认为"无常、无乐、无我、不净"。

③五盖：能盖覆人之心性使不生善的五种障碍：贪欲盖、瞋恚盖、睡眠盖、掉悔盖、疑惑盖。

④七识处：又作"七识住"，指七识安住之处。众生受生三界，其识所依住的七个处所：一是欲界的五道，二是色界的初禅天，三是色界的二禅天，四是色界的三禅天，五是无色界的空无边处，六是无色界的识无边处，七是无色界的无所有处。

⑤九恼处：即九种令人烦恼之处。僧肇《注维摩诘经》卷七："什曰：'爱我怨家，憎我知识，恼我己身。一世则三，三世为九，义云九结也。'"罗什认为，此"九恼处"可分为过去、现在、未来三世，各世均有三恼：爱我怨家（爱恋不当爱的人）、憎我知识（憎恨应当敬重之人）、恼我己身（由自己之贪欲、过失所导致的苦恼），合三世则为九恼处。

⑥尘劳："烦恼"的别称。俦（chóu）：类。

⑦根败：指根性已败坏，难以救治。

⑧反复：回报，报恩。"于佛法有反复"句，奘译为"能报佛恩"。僧肇《注维摩诘经》卷七："凡夫闻法能续佛种，则报恩有反复也。声闻独善其身，不弘三宝，于佛法为无反复也。"

⑨正使：即使，假使，纵使。

译文：

于是，维摩诘问文殊菩萨道："什么是如来种呢？"

文殊菩萨答道："色身是如来种，无明贪爱是如来种，贪瞋痴'三毒'是如来种，'四颠倒'是如来种，'五盖'是如来种，'六入'是如来种，'七识处'是如来种，'八邪法'是如来种，'九恼处'是如来种，'十不善'道是如来种。要而言之，六十二种邪见以及一切烦恼都是如来种。"

维摩诘问道："为什么这么说呢？"

文殊菩萨答道："如果是已经洞见无为之理而证入涅槃正位者，就不能再发起无上正等正觉之心了。譬如在高原陆地上，是不能生长莲花的；而只有在低湿的淤泥中，才能生长出莲花。正是这样，已经洞见无为之理而证入涅槃正位者，终究不能再生起佛法，发起一切智心；而只有在烦恼淤泥之中，才会有众生生起佛法，发起一切智心。又如在空中播下种子，终究无法生长发芽；而只有在粪壤之地中播下种子，才能茁壮生长。正是这样，已经洞见无为之理而证入涅槃正位者，不能生起佛法，发起一切智心；而那些执着我见如须弥山者，还能发起无上正等正觉之心，生起佛法。所以，应当知道一切烦恼就是如来种。譬如不下大海，终究不能获取无价宝珠；正像这样，如果不进入烦恼大海，也就不能获取无价珍宝一切智智。"

其时，大迦叶赞叹道："好啊！好啊！文殊师利，你这一番话说得太好了！确实如你所说，世间一切尘劳烦恼，皆是如来种。如今我们这些小乘众，再也不能发起无上正等正觉之心了。即使是犯了五无间重罪者，尚能发意，生起佛法，而如今我们这些声闻众却不能发意，生起佛法了，譬如五根已经败坏之人，对于五欲之乐再也不能享受了。正像这样，我们这些声闻众已经断尽了一切烦恼束缚，再也无法从佛法中获得利益，永远不可能再去志求诸佛妙法。所以，文殊师利，凡夫听闻佛法，能绍续佛种，报答佛恩，而我们这些声闻众却无此可能了。为什么呢？凡夫听闻佛法，能够发起无上道心，不使佛、法、僧三宝断绝；而我们声闻即使终身听闻佛法，知晓佛之十力、四无所畏等一切法门，却永远不能发起无上道意。"

尔时，会中有菩萨名普现色身，问维摩诘言："居士！父母妻子、亲戚眷属、吏民知识，悉为是谁？奴婢僮仆、象马车乘，皆何所在？"于是，维摩诘以偈答曰：

智度菩萨母，方便以为父；
一切众导师，无不由是生。
法喜以为妻，慈悲心为女；
善心诚实男，毕竟空寂舍。
弟子众尘劳，随意之所转；
道品善知识，由是成正觉。

诸度法等侣，四摄为妓女；
歌咏诵法言，以此为音乐。
总持之园苑，无漏法林树；
觉意净妙华①，解脱智慧果。
八解之浴池，定水湛然满；
布以七净华②，浴此无垢人。
象马五通驰，大乘以为车；
调御以一心，游于八正路。
相具以严容，众好饰其姿；
惭愧之上服，深心为华鬘③。
富有七财宝，教授以滋息；
如所说修行，回向为大利。
四禅为床座，从于净命生；
多闻增智慧，以为自觉音。
甘露法之食，解脱味为浆；
净心以澡浴，戒品为涂香。
摧灭烦恼贼，勇健无能逾；
降伏四种魔，胜幡建道场。
虽知无起灭，示彼故有生；
悉现诸国土，如日无不见。
供养于十方，无量亿如来；
诸佛及己身，无有分别想。
虽知诸佛国，及与众生空；

而常修净土，教化于群生。
诸有众生类，形声及威仪；
无畏力菩萨，一时能尽现。
觉知众魔事，而示随其行；
以善方便智，随意皆能现。
或示老病死，成就诸群生；
了知如幻化，通达无有碍。
或现劫尽烧④，天地皆洞然；
众人有常想，照令知无常。
无数亿众生，俱来请菩萨；
一时到其舍，化令向佛道。
经书禁咒术，工巧诸技艺；
尽现行此事，饶益诸群生。
世间众道法，悉于中出家；
因以解人惑，而不堕邪见。
或作日月天，梵王世界主；
或时作地水，或复作风火。
劫中有疾疫，现作诸药草；
若有服之者，除病消众毒。
劫中有饥馑，现身作饮食；
先救彼饥渴，却以法语人。
劫中有刀兵，为之起慈悲；
化彼诸众生，令住无诤地。

若有大战阵，立之以等力；

菩萨现威势，降伏使和安。

一切国土中，诸有地狱处；

辄往到于彼，勉济其苦恼。

一切国土中，畜生相食啖⑤；

皆现生于彼，为之作利益。

示受于五欲，亦复现行禅；

令魔心愦乱，不能得其便。

火中生莲华，是可谓希有；

在欲而行禅，希有亦如是。

或现作淫女，引诸好色者；

先以欲钩牵，后令入佛智。

或为邑中主，或作商人导；

国师及大臣，以佑利众生。

诸有贫穷者，现作无尽藏⑥；

因以劝导之，令发菩提心。

我心憍慢者，为现大力士；

消伏诸贡高⑦，令住无上道。

其有恐惧众，居前而慰安；

先施以无畏，后令发道心。

或现离淫欲，为五通仙人⑧；

开导诸群生，令住戒忍慈。

见须供事者，现为作僮仆；

既悦可其意,乃发以道心。
随彼之所须,得入于佛道;
以善方便力,皆能给足之。
如是道无量,所行无有涯;
智慧无边际,度脱无数众。
假令一切佛,于无数亿劫;
赞叹其功德,犹尚不能尽。
谁闻如是法,不发菩提心;
除彼不肖人,痴冥无智者。

注释:

①觉意:即觉分、觉支,指"七觉支"。竺道生说:"七觉以
开悟为道,无染为净,华之法者也。"

②七净华:七种清净的花,譬喻"七觉分"。罗什等则说为
以下七种:戒净(戒行清净)、心净(心清净)、见净(见清净法
性)、度疑净(见深断疑清净净)、分别道净(道非道知见净、道
非道净、分别净)、行断知见净(行知见净、行净)、涅槃净(断
知见净、断净、智净)。

③华鬘(mán):美丽的头发。

④劫尽烧:指世界毁灭时燃烧的大火。佛教分世界的生灭
变化为成、住、坏、空四劫,并认为在坏劫之末必起火灾,其时初
禅天以下全部为劫火所烧,天地洞然。

⑤啖(dàn):吃。

⑥无尽藏:无尽的宝藏。主要有二义:一是指含藏无穷尽

的功德，又作"无尽藏海"、"无尽法藏"，即真如法性之理海广阔无边，包藏一切万象。二是指寺院把信徒所供钱财贷与他人，以其所得的利息等用作寺院日常开支及救济世人。这里指无穷无尽的财富。

⑦贡高：自以为是、骄傲自大。

⑧五通：指五种神通。

译文：

其时，与会大众中有一位菩萨，名叫普现色身，问维摩诘道："居士！您的父母妻子、亲戚眷属、官吏平民、师长朋友，都是谁呢？您的奴婢僮仆、象马车乘，又都在哪里呢？"于是，维摩诘便以偈颂回答道：

> 智度菩萨母，方便以为父；
>
> 一切众导师，无不由是生。
>
> 法喜以为妻，慈悲心为女；
>
> 善心诚实男，毕竟空寂舍。
>
> 弟子众尘劳，随意之所转；
>
> 道品善知识，由是成正觉。
>
> 诸度法等侣，四摄为妓女；
>
> 歌咏诵法言，以此为音乐。
>
> 总持之园苑，无漏法林树；
>
> 觉意净妙华，解脱智慧果。
>
> 八解之浴池，定水湛然满；
>
> 布以七净华，浴此无垢人。

象马五通驰，大乘以为车；
调御以一心，游于八正路。
相具以严容，众好饰其姿；
惭愧之上服，深心为华鬘。
富有七财宝，教授以滋息；
如所说修行，回向为大利。
四禅为床座，从于净命生；
多闻增智慧，以为自觉音。
甘露法之食，解脱味为浆；
净心以澡浴，戒品为涂香。
摧灭烦恼贼，勇健无能逾；
降伏四种魔，胜幡建道场。
虽知无起灭，示彼故有生；
悉现诸国土，如日无不见。
供养于十方，无量亿如来；
诸佛及己身，无有分别想。
虽知诸佛国，及与众生空；
而常修净土，教化于群生。
诸有众生类，形声及威仪；
无畏力菩萨，一时能尽现。
觉知众魔事，而示随其行；
以善方便智，随意皆能现。
或示老病死，成就诸群生；
了知如幻化，通达无有碍。

或现劫尽烧，天地皆洞然；
众人有常想，照令知无常。
无数亿众生，俱来请菩萨；
一时到其舍，化令向佛道。
经书禁咒术，工巧诸技艺；
尽现行此事，饶益诸群生。
世间众道法，悉于中出家；
因以解人惑，而不堕邪见。
或作日月天，梵王世界主；
或时作地水，或复作风火。
劫中有疾疫，现作诸药草；
若有服之者，除病消众毒。
劫中有饥馑，现身作饮食；
先救彼饥渴，却以法语人。
劫中有刀兵，为之起慈悲；
化彼诸众生，令住无诤地。
若有大战阵，立之以等力；
菩萨现威势，降伏使和安。
一切国土中，诸有地狱处；
辄往到于彼，勉济其苦恼。
一切国土中，畜生相食啖；
皆现生于彼，为之作利益。
示受于五欲，亦复现行禅；
令魔心愦乱，不能得其便。

火中生莲华，是可谓稀有；

在欲而行禅，稀有亦如是。

或现作淫女，引诸好色者；

先以欲钩牵，后令入佛智。

或为邑中主，或作商人导；

国师及大臣，以佑利众生。

诸有贫穷者，现作无尽藏；

因以劝导之，令发菩提心。

我心骄慢者，为现大力士；

消伏诸贡高，令住无上道。

其有恐惧众，居前而慰安；

先施以无畏，后令发道心。

或现离淫欲，为五通仙人；

开导诸群生，令住戒忍慈。

见须供事者，现为作僮仆；

既悦可其意，乃发以道心。

随彼之所须，得入于佛道；

以善方便力，皆能给足之。

如是道无量，所行无有涯；

智慧无边际，度脱无数众。

假令一切佛，于无数亿劫；

赞叹其功德，犹尚不能尽。

谁闻如是法，不发菩提心；

除彼不肖人，痴冥无智者。

入不二法门品第九

"不二法门"是贯穿本经的理论核心。本经所宣讲的大乘佛教法门皆依不二法门而建立，所谓依不二之理则有不二之行；依不二之行，则有不可思议解脱法门。所谓"不二法"即真如实相，一实之理，如如平等，而无彼此之别，因而菩萨悟入此一实平等之理，即超越相对之差别，而入于绝对平等之境界，这就是入不二法门。本品通过维摩诘、文殊菩萨以及法自在菩萨等众菩萨对"入不二法门"的表述，显示入不二法门的不同层次与法门，表明法自在菩萨等以消除我、我所对待并非真入不二法门，唯有"文殊无言，净名杜口"为真入不二法门。

尔时，维摩诘谓众菩萨言："诸仁者！云何菩萨入不二法门[1]？各随所乐说之。"

会中有菩萨名法自在，说言："诸仁者！生、灭分别对待为二。法本不生，今则无灭；得此无生法忍，是为入不二法门。"

注释：

[1]不二法门：指通过无差别的认识而悟入"不二"之理的门径。二，指一切差异，缘起诸法；不二，指空性、法性、"一实之理"。法，指理体、心轨。"不二"即是"不二法"。

译文：

其时，维摩诘对众位菩萨说道："诸位仁者啊！什么是菩萨入不二法门呢？请诸位根据自己的喜好来说说吧。"

与会者中有位菩萨，名叫法自在，说道："诸位仁者！生与灭分别对待为二。诸法本来就没有所谓的生起，现在也没有所谓的消灭；证得这样的无生法忍，就是悟入不二法门。"

德守菩萨曰："我、我所为二。因有我故，便有我所；若无有我，则无我所，是为入不二法门。"

译文：

德守菩萨说："我与我之所有分别对待为二。因为执着于我，便产生了与我相对待的我之所有；如果能悟得没有真实自我的存在，当然也就没有我之所有了，这就是悟入不二法门。"

不眴菩萨曰："受、不受为二①。若法不受，则不可得②；以不可得，故无取无舍，无作无行，是为入不二法门。"

注释：

①受：取相，取执事理之相而产生妄惑感受。不受：不取相。

②不可得：即无所得，无所感受。此句遣不受。所谓无所得，就是体悟无相之真理，做到心中无所执着，无所分别，终日

受而未偿受也。《大智度论》卷十八说："诸法实相中,受决定相不可得故,名无所得。"又,《涅槃经》卷十七说："无所得者,则名为慧。有所得者,名为无明。"所以,无所得也就是空慧、无分别智。

译文：

不眴菩萨说："对外界的感受与不感受分别对待为二。如果了知诸法本来就无从感受,便知诸法不可感受;因为诸法不可感受的缘故,无取无舍,无作无行,这就是悟入不二法门。"

德顶菩萨曰："垢、净为二。见垢实性,则无净相,顺于灭相,是为入不二法门。"

译文：

德顶菩萨说："垢染与清净分别对待为二。如果能体悟垢染之本性为空,也就没有所谓清净相了,随顺于无垢无净的寂灭相,这就是悟入不二法门。"

善宿菩萨曰："是动、是念为二[1]。不动则无念,无念即无分别;通达此者,是为入不二法门。"

注释：

①动、念:心意初起为动,思惟运作为念。罗什注曰:"惑心微起名为动,取相深著名为念。"僧肇注曰:"情发为动,想我为

念也。"奘译为："散动、思惟为二。"

译文：

善宿菩萨说："心动与思考分别对待为二。如果心不动，就没有思维运作，没有思维运作便无分别取舍；通达这样的道理，就是悟入不二法门。"

善眼菩萨曰："一相、无相为二①。若知一相即是无相，亦不取无相，入于平等，是为入不二法门。"

注释：

①一相：平等无差别之真如实相。无相：于一切相，离一切相，即是无相。实相即是无相，故常说："实相无相，无相实相。"

译文：

善眼菩萨说："一相与无相分别对待为二。如果了知一相即是无相，也不执着于无相，入于平等法性，这就是悟入不二法门。"

妙臂菩萨曰："菩萨心、声闻心为二。观心相空如幻化者，无菩萨心，无声闻心，是为入不二法门。"

译文：

妙臂菩萨说："菩萨心与声闻心分别对待为二。观照心相本空,如同幻化,既无菩萨心,也无声闻心,这就是悟入不二法门。"

弗沙菩萨曰:"善、不善为二。若不起善不善,入无相际而通达者,是为入不二法门。"

译文:

弗沙菩萨说:"善与不善分别对待为二。如果了知善与不善无所生起,入于无相实际而通达无碍,这就是悟入不二法门。"

师子菩萨曰:"罪、福为二。若达罪性,则与福无异;以金刚慧①,决了此相,无缚无解者,是为入不二法门。"

注释:

①金刚慧:即无坚不摧的金刚般智慧。此指通达实相之理的智慧。

译文:

师子菩萨说:"罪业与福报分别对待为二。如果明达罪业的本性为空,便知罪业与福报并无差别;以金刚智慧通达诸法本相,既无系缚,亦无解脱,这就是悟入不二法门。"

师子意菩萨曰:"有漏、无漏为二。若得诸法等,则不起漏不漏想,不著于相①,亦不住无相,是为入不二法门。"

注释:
①相:同"想"。

译文:
师子意菩萨说:"有烦恼与无烦恼分别对待为二。如果认识到一切诸法平等一如,也就不生起有烦恼与无烦恼之分别想,不执着于想,也不执着于无想,这就是悟入不二法门。"

净解菩萨曰:"有为、无为为二。若离一切数,则心如虚空;以清净慧,无所碍者,是为入不二法门。"

译文:
净解菩萨说:"有为法、无为法分别对待为二。如果了知二者法性平等,远离一切法数差别,则心如虚空;以清净智慧观照诸法,如如平等,圆融无碍,这就是悟入不二法门。"

那罗延菩萨曰:"世间、出世间为二。世间性空,即是出世间;于其中不入不出,不溢不散,是为入不二法门。"

译文：

那罗延菩萨说："世间、出世间分别对待为二。如果了知世间本性空寂，即是出世间；于此二者无入无出，无流无散，亦不执着，这就是悟入不二法门。"

善意菩萨曰："生死、涅槃为二。若见生死性，则无生死；无缚无解，不然不灭；如是解者，是为入不二法门。"

译文：

善意菩萨说："生死与涅槃分别对待为二。如果能洞见生死本性空寂，便既无生死，也无涅槃；无系缚，无解脱，无有生死流转，亦无涅槃寂灭；如果能这样理解生死与涅槃，就是悟入不二法门。"

现见菩萨曰："尽、不尽为二①。法若究竟，尽若不尽，皆是无尽相；无尽相即是空，空则无有尽不尽相，如是入者，是为入不二法门。"

注释：

①尽、不尽：慧远说："妄息名尽，真德常住名为不尽。"

译文：

现见菩萨说："尽与不尽分别对待为二。一切诸法，或者

究竟尽，或者不尽，本性都是无尽之相；无尽相即是空，空就是
没有尽与不尽的差别，能够这样悟入，就是悟入不二法门。"

普守菩萨曰："我、无我为二。我尚不可得，非我
何可得？见我实性者，不复起二，是为入不二法门。"

译文：
普守菩萨说："我与无我分别对待为二。我尚且不可得，更
何况非我？洞见我之实性即是空性，就不会再生起我与无我之
分别见，这就是悟入不二法门。"

电天菩萨曰："明、无明为二。无明实性即是明，明
亦不可取；离一切数，于其中平等无二者，是为入不二
法门。"

译文：
电天菩萨说："明与无明分别对待为二。了知无明的本性
就是明，明亦不可执取；如果远离一切法数，在二者之中如如观
照，平等无二，这就是悟入不二法门。"

喜见菩萨曰："色、色空为二。色即是空，非色灭
空，色性自空；如是受、想、行、识，识空为二，识即是
空，非识灭空，识性自空；于其中而通达者，是为入不
二法门。"

译文：

喜见菩萨说："色与色空分别对待为二。色的本性即是空，并非色灭以后才是空，色的本性是自性空；受、想、行、识也都是这样，识与识空分别对待为二，识的本性即是空，并非识灭以后才是空，识的本性是自性空；能够通达其中的真谛，就是悟入不二法门。"

明相菩萨曰："四种异、空种异为二①。四种性即是空种性，如前际后际空，故中际亦空。若能如是知诸种性者，是为入不二法门。"

注释：

①四种异、空种异："四种异"指组成器世间的四大元素地、水、风、火四大种，各有特质；"空种异"则指空性之特质，有别于四大种。"四大"与"空"本质上是二而不二的关系。异，梵文为anye 或 anyah，词义为"另外的"。本句奘译为："四界与空分别为二。"

译文：

明相菩萨说："地、水、风、火'四大'与空性分别对待为二。'四大'本性即空性，如同过去、未来的本性为空一样，现在的本性也是空；如果能这样去了知'四大'与空性本无差别，就是悟入不二法门。"

妙意菩萨曰："眼、色为二^①。若知眼性，于色不贪、不恚、不痴，是名寂灭；如是耳声、鼻香、舌味、身触、意法为二；若知意性，于法不贪、不恚、不痴，是名寂灭；安住其中，是为入不二法门。"

注释：

①眼、色为二：眼为内根，色为外境，根境相合，而后识生。此二者也是二而不二的关系。

译文：

妙意菩萨说："眼与色分别对待为二。如果能认识到眼的本性为空，对于尘不贪染、不瞋恚、不痴迷，这就称为寂灭；正如这样，耳与声、鼻与香、舌与味、身与触、意与法分别对待为二；如果认识到意的本性为空，对于法不贪染、不瞋恚、不痴迷，这就称为寂灭；安住于寂灭之中，这就是悟入不二法门。"

无尽意菩萨曰："布施、回向一切智为二。布施性即是回向一切智性；如是持戒、忍辱、精进、禅定、智慧回向一切智为二；智慧性即是回向一切智性；于其中入一相者，是为入不二法门。"

译文：

无尽意菩萨说："布施与回向一切智分别对待为二。布施的本性就是回向一切智的本性；正如这样，持戒、忍辱、精进、禅定、智慧与回向一切智分别对待为二；智慧的本性就是回向一切智的本性；如果能于其中认识到它们的本性相同，无有差别，就是悟入不二法门。"

深慧菩萨曰："是空，是无相，是无作为二。空即无相，无相即无作；若空、无相、无作，则无心、意、识①；于一解脱门，即是三解脱门者，是为入不二法门。"

注释：

①心、意、识："心"为集起义，"意"为思量义，"识"为了别义，作用不同，其体则一。在唯识学中，"心"为阿赖耶识（第八识），"意"为末那识（第七识），"识"为前六识（即眼识、耳识、鼻识、舌识、身识、意识）。

译文：

深慧菩萨说："空、无相、无作分别对待为二。空就是无相，无相就是无作；如果了知空、无相、无作本无差别，就没有心、意、识的妄想分别；这样，于任一解脱门解脱，即是于三解脱门解脱，了无差别，通达这个道理，就是悟入不二法门。"

寂根菩萨曰："佛、法、众为二。佛即是法，法即是众；是三宝皆无为相，与虚空等，一切法亦尔；能随此行者，是为入不二法门。"

译文：

寂根菩萨说："佛、法、僧三宝，各各分别对待为二。佛就是法，法就是僧；这三宝都是无为相，与虚空等同，一切诸法也都是这样；能随顺这一真理而修行，就是悟入不二法门。"

心无碍菩萨曰："身、身灭为二[①]。身即是身灭，所以者何？见身实相者，不起见身及见灭身；身与灭身，无二无分别；于其中不惊、不惧者，是为入不二法门。"

注释：

①身：五蕴身。身灭：罗什认为是涅槃、法身；净慧认为，身无常有死为灭。慧远认为："身实相者，第一义空，于此空中，由来无身，亦无身灭。"故知身灭非谓法身，若是法身，何来惊惧。

译文：

心无碍菩萨说："有身与身灭分别对待为二。五蕴身就是身灭，为什么呢？因为洞达色身之实相者，就不会生起身见和身灭见；身与身灭，是无二无分别；在有身与身灭之间，不惊不惧者，就是悟入不二法门。"

上善菩萨曰："身、口、意善为二[①]。是三业皆无作相。身无作相，即口无作相；口无作相，即意无作相。是三业无作相，即一切法无作相。能如是随无作慧者，是为入不二法门。"

注释：

①善：律仪，禁戒。

译文：

上善菩萨说："身、口、意三种律仪各各分别对待为二。这三业都没有造作相。身无造作相，就是口无造作相；口无造作相，就是意无造作相。这三业都没有造作相，就是一切法都没有造作相。如果能够这样随顺无作智慧，就是悟入不二法门。"

福田菩萨曰："福行、罪行、不动行为二。三行实性即是空；空则无福行，无罪行，无不动行；于此三行而不起者，是为入不二法门。"

译文：

福田菩萨说："福行、罪行、不动行各各分别对待为二。三行的本性都是空；既然本性为空，那么福行、罪行、不动行三者之间就没有差别；能够对此三行不起妄念分别者，就是悟入不二法门。"

华严菩萨曰："从我起二为二①。见我实相者，不起二法；若不住二法，则无有识。无所识者，是为入不二法门。"

注释：

①从我起二：因有我执，便生起种种与我相对之物，故为二。奘译："一切二法皆从我起。"慧远说："五蕴和合，假名为我；我所造作，一切诸法，名为我起。"

译文：

华严菩萨说："因有我故，生起一切二法，此二者分别对待为二。如果洞见我之本性为空，也就不会生起二法；如果不执着于二法，也就没有了别。没有了别，也就无所了别，这就是悟入不二法门。"

德藏菩萨曰："有所得相为二①。若无所得，则无取舍；无取舍者，是为入不二法门。"

注释：

①有所得相：因为有所得的缘故，生起一切二法。奘译："一切二法有所得起。"僧肇说："得在于我，相在于彼。"慧远《维摩义记》说："有所得二，反举二相。造作善恶，得苦乐报，名为所得；所得之中，苦乐等异，名之为二。"智颛《维摩经文疏》卷二十六："有所得只是一法，那得为二？今言'有所得'，即对'无所得'；若生死为'有得'，即对涅槃为'无得'。"僧肇以我、有所得为二，慧远以有所得中相对待为二，智颛以有所得与无所得相对待为二。

译文：

德藏菩萨说："有所得故，生起一切二法，此二者分别对待为二。如果了知诸法都无所得，也就没有取舍；于一切法无取无舍，就是悟入不二法门。"

月上菩萨曰："暗与明为二①。无暗无明，则无有二。所以者何？如入灭受想定，无暗无明。一切法相，亦复如是。于其中平等入者，是为入不二法门。"

注释：

①暗、明：烦恼痴惑为"暗"，智慧通达为"明"。

译文：

月上菩萨说："暗与明分别对待为二。如果了知实相无暗无明，便知暗与明平等一如，没有差别。为什么呢？如果能够证入灭尽定的境界，也就没有暗与明的分别了。一切法相也都是这样。能于其中平等观照无有分别，这就是悟入了不二法门。"

宝印手菩萨曰："乐涅槃、不乐世间为二。若不乐涅槃，不厌离世间，则无有二。所以者何？若有缚，则有解；若本无缚，其谁求解？无缚无解，则无乐厌，是为入不二法门。"

译文:

宝印手菩萨说:"乐涅槃与不乐世间分别对待为二。如果知其本性,不乐于涅槃,不厌离世间,那么二者也就无所分别了。为什么呢?如果有生死系缚,才会求解脱;如果本来就无生死系缚,还怎么求涅槃解脱呢?如果通达既无生死系缚,又无涅槃解脱,不乐于涅槃,不厌离世间,这就是悟入不二法门。"

珠顶王菩萨曰:"正道、邪道为二。住正道者,则不分别是邪是正。离此二者,是为入不二法门。"

译文:

珠顶王菩萨说:"正道与邪道分别对待为二。如果安住于正道,就根本不会有邪道生起,也就没有所谓正道与邪道的分别了。远离对正道与邪道的虚妄分别,就是悟入不二法门。"

乐实菩萨曰:"实、不实为二[①]。实见者尚不见实,何况非实?所以者何?非肉眼所见,慧眼乃能见[②];而此慧眼,无见无不见,是为入不二法门。"

注释:

①实:真如、实际、实相、真谛。此处指诸法空性,不指法实性,法实性者,唯佛眼能见。不实:一切缘起诸法、世俗谛。

②慧眼:指智慧之眼,为二乘以上圣者所证,能观照诸法实相。此处与肉眼相对应,主语为菩萨,同时含摄、激发二乘。慧

远认为："此实非肉眼见，唯慧眼见，天眼法眼不见空。"

译文：

乐实菩萨说："实与不实分别对待为二。证见实相尚且无相可见，更何况虚假之相呢？为什么呢？所谓真实，并不是肉眼所能看得见，而是慧眼才能看得见；而慧眼观照一切诸法，是无所见、无所不见的，就是悟入不二法门。"

如是，诸菩萨各各说已，问文殊师利："何等是菩萨入不二法门？"

文殊师利曰："如我意者，于一切法，无言无说，无示无识，离诸问答，是为入不二法门[①]。"

于是，文殊师利问维摩诘："我等各自说已，仁者当说，何等是菩萨入不二法门？"

时，维摩诘默然无言。文殊师利叹曰："善哉！善哉！乃至无有文字语言，是真入不二法门。"

说是入不二法门品时，于此众中五千菩萨，皆入不二法门，得无生法忍。

注释：

①此句有所删略，奘译为："汝等所言虽皆是善，如我意者，汝等此说犹名为二。若诸菩萨于一切法无言无说，无表无示，离诸戏论，绝于分别，是为悟入不二法门。"

译文：

就这样，诸位菩萨都一一宣说自己的看法，说完之后，同时问文殊菩萨道："究竟什么是菩萨悟入不二法门呢？"

文殊菩萨说："在我看来，对于一切诸法，无言语无讲说，无显示无识别，远离一切问答，这就是悟入不二法门。"

于是，文殊菩萨问维摩诘道："我们都已经各自宣说了自己的看法，仁者啊，您应当说说，究竟什么是菩萨悟入不二法门呢？"

这时，维摩诘默然无言。文殊菩萨赞叹道："好啊！好啊！达至没有一切文字语言分别的境地，才是真正悟入不二法门。"

在诸菩萨演说什么是悟入不二法门的时候，在这次与会的大众中，有五千位菩萨都悟入了不二法门，证得无生法忍。

卷　下

香积佛品第十

本品记述了维摩诘运用不可思议之神通力，向与会大众示现了上方世界的香积佛国，然后又派遣化身菩萨到众香国香积佛处请回香饭以食会众，借此演说菩萨行六度、四摄、十事善法，成就八法的菩萨悲心，并借助众香国诸菩萨对娑婆世界由鄙视到赞叹的转变，说明大乘菩萨舍己利他、与众生同甘苦共患难的无限悲心。

于是舍利弗心念：日时欲至①，此诸菩萨当于何食？

时，维摩诘知其意而语言："佛说八解脱，仁者受行，岂杂欲食而闻法乎？若欲食者，且待须臾，当令汝得未曾有食。"

时，维摩诘即入三昧，以神通力，示诸大众上方界分，过四十二恒河沙佛土，有国名众香，佛号香积，今现在。其国香气，比于十方诸佛世界人天之香，最为第一。彼土无有声闻、辟支佛名，唯有清净大菩萨众，佛为说法。其界一切，皆以香作，楼阁、经行、香地、苑园皆香。其食香气周流十方无量世界。时，彼佛与诸菩萨，方共坐食。有诸天子，皆号香严，悉发阿耨多罗三藐三菩提心,供养彼佛,及诸菩萨。此诸大众,莫不目见。

时,维摩诘问众菩萨:"诸仁者！谁能致彼佛饭^②？"以文殊师利威神力故,咸皆默然。

维摩诘言:"仁此大众^③,无乃可耻。"

文殊师利曰:"如佛所言,勿轻未学^④。"于是维摩诘不起于座,居众会前,化作菩萨,相好光明,威德殊胜,蔽于众会,而告之曰:"汝往上方界分,度如四十二恒河沙佛土,有国名众香,佛号香积,与诸菩萨方共坐食,汝往到彼,如我词曰:'维摩诘稽首世尊足下,致敬无量,问讯起居,少病少恼,气力安不。愿得世尊所食之余,当于娑婆世界施作佛事^⑤,令此乐小法者,得弘大道,亦使如来名声普闻。'"

时,化菩萨即于会前,升于上方,举众皆见其去。到众香界,礼彼佛足,又闻其言:"维摩诘稽首世尊足下,致敬无量,问讯起居,少病少恼,气力安不。愿得世尊所食之余,欲于娑婆世界施作佛事,使此乐小法者,得弘大道,亦使如来名声普闻。"

彼诸大士,见化菩萨,叹未曾有:"今此上人,从何所来？娑婆世界,为在何许？云何名为乐小法者？"即以问佛。佛告之曰:"下方度如四十二恒河沙佛土,有世界名娑婆,佛号释迦牟尼,今现在。于五浊恶世,为乐小法众生,敷演道教^⑥。彼有菩萨,名维摩诘,住不可思议解脱，为诸菩萨说法，故遣化来，称扬我名，并赞此土，令彼菩萨增益功德。"彼菩萨言："其人何如，乃作是化，德力无畏，神足若斯？"佛言："甚大！一切十方，皆遣化往，施作佛事，饶益众生。"

于是香积如来，以众香钵，盛满香饭，与化菩萨。时，彼九百万菩萨俱发声言："我欲诣娑婆世界，供养释迦牟尼佛，并欲见维摩诘等诸菩萨众。"佛言："可往！摄汝身香，无令彼诸众生起惑著心；又当舍汝本形，勿使彼国求菩萨者，而自鄙耻；又汝于彼，莫怀轻贱，而作碍想。所以者何？十方国土，皆如虚空。又诸佛为欲化诸乐小法者，不尽现其清净土耳。"

时，化菩萨既受钵饭，与彼九百万菩萨俱，承佛威神，及维摩诘力，于彼世界，忽然不现。须臾之间，至维摩诘舍。

时，维摩诘即化作九百万师子之座，严好如前，诸菩萨皆坐其上。时，化菩萨以满钵香饭与维摩诘。饭香普薰毗耶离城，及三千大千世界。时，毗耶离婆罗门、居士等，闻是香气，身意快然，叹未曾有。于是长者主月盖，从八万四千人，来入维摩诘舍；见其室中菩萨甚多，诸师子座高广严好，皆大欢喜；礼众菩萨及大弟子，却住一面。诸地神、虚空神，及欲色界诸天，闻此香气，亦皆来入维摩诘舍。

时，维摩诘语舍利弗等诸大声闻："仁者，可食。如来甘露味饭，大悲所熏，无以限意食之，使不消也。"有异声闻念：是饭少，而此大众，人人当食。化菩萨曰："勿以声闻小德小智，称量如来无量福慧；四海有竭，此饭无尽；使一切人食，抟若须弥⑦，乃至一劫，犹不能尽。所以者何？无尽戒、定、智慧、解脱、解脱知见，功德具足者所食之余⑧，终不可尽。"于是钵饭悉饱众会，犹故不儩⑨。其诸菩萨、声闻、天人，食此饭者，身安快乐，譬如一切乐庄严国诸菩萨也。又诸毛孔皆出妙香，亦如众香国土诸树之香。

注释：

①日时：中午。原始佛教制度，僧众日中一食，过午不食。

②致：取回。

③仁此大众：倒装句，这些（这里）众多仁者。仁，仁者。

④未学：尚未学成的菩萨。

⑤娑婆世界：意译为"堪忍世界"，指此世界众生堪忍诸苦。

⑥道教：此指佛道的教法。

⑦抟（tuán）：即把食物搓成团。

⑧戒、定、智慧、解脱、解脱知见：即"无漏五蕴"或"五分法身"，是佛及阿罗汉所具备的五种功德。此指香积佛之五分法身。僧肇《注维摩诘经》卷八："如来具五分法身无尽功德，报应之饭如何可尽矣。"

⑨儩（sì）：完、尽的意思。

译文:

于是,舍利弗心中想道:中午快到了,这里诸位菩萨应当在哪里用餐呢?

其时,维摩诘立即知道了舍利弗的想法,便对他说:"佛祖曾经宣说八解脱,仁者你已经信受奉行了,怎么还能怀着贪染饮食之心来听闻佛法呢?如果真想进食,请稍等片刻,我可以让你吃到从来未吃过的食物。"

这时,维摩诘立即进入三昧,运用神通力,向与会大众示现上方世界;越过四十二恒河沙数的佛土,有一佛国,名为众香,佛号香积,如今尚在。其国香气比其他十方诸佛世界人间、天上的香气更为殊胜,堪称第一。这个佛国没有声闻、辟支佛这样的称号,只有清净大菩萨众,香积佛为他们演说佛法。整个众香世界都是以妙香制成,楼阁、经行场所、香地、苑园都是以妙香制成。香积佛及众菩萨的食物香气周遍流溢十方无量世界。其时,香积佛与诸位菩萨正坐在一起进食。有众多天子,名字都叫香严,都已经发起无上正等正觉之心,供养香积佛与众位菩萨。这种种情景,维摩诘居室内的诸大众无不亲眼目睹。

其时,维摩诘问众位菩萨道:"诸位仁者啊!你们中有谁能取回那位香积佛的饭食?"由于文殊菩萨威德神力的缘故,大家都默不作声。

维摩诘说道:"这里众多仁者,竟然没有人前去取饭,你们难道不感到羞愧吗?"

文殊菩萨说道:"正如佛祖所说,不要轻视那些初学者。"

于是，维摩诘不从床座上起身，就在会众面前，以神通力变化出一位菩萨；这位菩萨法相庄严，光明照耀，威德殊胜，映蔽一切与会大众；维摩诘对这位菩萨说："你前往上方世界，度过四十二恒河沙数的佛土，有一佛国，名为众香，那里的佛祖，名为香积，正在与诸位菩萨坐在一起用餐，你到那里，就这么说：'维摩诘稽首顶礼世尊双足，致以无量的敬意，问候您的起居，祝您无病无恼，身心康泰。希望能够得到世尊吃剩的饭食，以便在娑婆世界里布施举办佛事，让那些沉溺于小乘法的修行者，能够弘扬大乘佛道，也使世尊如来的名声普闻十方。'"

其时，这位化身菩萨立即在与会大众面前，飞升到上方，所有大众都亲眼看见他往上飞去。那位化身菩萨到了众香佛国，顶礼佛足，又听见他说道："维摩诘居士稽首顶礼世尊双足，致以无量的敬意，问候您的起居，祝您无病无恼，身心康泰。希望能够得到世尊吃剩的饭食，以便在娑婆世界里布施举办佛事，让那些喜乐小乘法的修行者，能够弘扬大乘佛道，也使世尊如来的名声普闻十方。"

众香世界的诸位大士看见化身菩萨，都赞叹前所未有："这位菩萨是从哪里来的？娑婆世界又在什么地方呢？怎么竟会有喜乐小乘法的修行者呢？"他们这样询问香积佛。香积佛告诉他们说："在此世界的下方，度过四十二恒河沙数佛土，有一佛土，名为娑婆世界，那里的佛祖，名为释迦牟尼，如今尚在。释迦牟尼佛在五浊恶世中为那些喜乐小乘法的众生，演说佛法。那里有位菩萨，名叫维摩诘，安住于不可思议解脱境界，现在正在为诸位菩萨说法，所以派遣这位化身菩萨前来，称扬我的名号,并赞颂我众香佛土,以此使那里的诸位菩萨增长功德。"众香世界的菩萨问道:"那位维摩诘居士是什么样的人呢?竟然能变化出这样一位化身菩萨,具足如此的威德神通之力?"香积佛说:"维摩诘居士的功德神通极大!十方世界一切国土,他都派遣化身前往,广作种种佛事,饶益一切众生。"

于是香积如来就以众香钵盛满香饭,交给化身菩萨。其时,那里的九百万位菩萨齐声说道:"我希望前往娑婆世界,供养释迦牟尼佛,并希望拜见维摩诘居士等诸位菩萨。"香积佛说:"去吧!收敛一下你们身上的香气,以免使那里众生生起痴惑贪着之心;还有,应当暂舍你们的本来身相,以免使那里求菩萨道的众生自惭形秽;还有,你们不要对娑婆世界怀有轻贱之意,由此产生有碍的想法。为什么呢?十方世界一切国土,都如同虚空一样。还有,诸佛世尊为了教化那些喜乐小乘法者,才没有完全显现佛土的清净庄严而已。"

这时,化身菩萨接受了以众香钵盛的香饭,与众香佛国九百万位菩萨一起,凭借着香积佛之威神和维摩诘之神通力,忽然从众香国消失了。片刻之间,就到了维摩诘的居室。

其时,维摩诘立即以神通力变化出九百万个狮子座,庄严美好如同前面的一样,众香佛国的诸位菩萨都坐在上面。这时,化身菩萨将满钵的香饭呈给维摩诘。这饭食的香气遍熏整个毗耶离大城,乃至整个三千大千世界。这时,毗耶离城中的婆罗门、居士等,闻到这种香气后,身心畅快,赞叹未曾有过这样的事情。于是,长者主月盖带领八万四千人,来到维摩诘的居室中;看见维摩诘居室中菩萨众多,诸狮子座高广庄严,都极为欢喜;他们顶礼众位菩萨和诸大弟子,然后站在一旁。诸位地神、虚空神,以及欲界、色界诸位天神,闻到这种香气,也都来到了维摩诘的居室中。

其时,维摩诘对舍利弗等诸声闻大弟子说:"诸位仁者,请用饭吧。这是如来的甘露味饭,大悲心熏习成就,请不要怀着有限量的心意食用此饭,那样会使自己不能消受的。"其时,有些声闻弟子心想:这饭食这么少,而这里的大众人人都要吃,怎么能够呢? 化身菩萨说:"不要以声闻乘的小德小智,来测度如来的无量福慧;即使四大海水有枯竭的时候,这饭食永远没有吃完的时候;即使一切众生都来吃这饭食,每人所吃饭团如同须弥山王一样大,吃上一劫,仍然不能吃完。为什么呢? 因为这饭食是无尽戒、定、智慧、解脱、解脱知见,五分法身功德具足的香积佛吃剩下的,所以这饭食是永远也吃不完的。"于是,这一钵香饭,让与会大众都吃饱之后,仍有富余。诸位菩萨、声闻、天人等,吃过这饭食后,都感到身心安乐,就像一切安乐庄严佛国中的诸位菩萨一样。而且,他们全身的毛孔都散发出美妙香气,也如同众香佛国中诸树上散发出的香气一样。

尔时,维摩诘问众香菩萨:"香积如来以何说法?"

彼菩萨曰:"我土如来,无文字说,但以众香,令诸天人,得入律行。菩萨各各坐香树下,闻斯妙香,即获一切德藏三昧①。得是三昧者,菩萨所有功德,皆悉具足。"

彼诸菩萨问维摩诘:"今世尊释迦牟尼,以何说法？"

维摩诘言："此土众生，刚强难化，故佛为说刚强之语，以调伏之。言：是地狱，是畜生，是饿鬼，是诸难处，是愚人生处。是身邪行，是身邪行报；是口邪行，是口邪行报；是意邪行，是意邪行报；是杀生，是杀生报；是不与取，是不与取报；是邪淫，是邪淫报；是妄语，是妄语报；是两舌，是两舌报；是恶口，是恶口报；是无义语，是无义语报；是贪嫉，是贪嫉报；是瞋恼，是瞋恼报；是邪见，是邪见报；是悭吝，是悭吝报；是毁戒，是毁戒报；是瞋恚，是瞋恚报；是懈怠，是懈怠报；是乱意，是乱意报；是愚痴，是愚痴报。是结戒，是持戒，是犯戒；是应作，是不应作；是障碍，是不障碍；是得罪，是离罪；是净，是垢；是有漏，是无漏；是邪道，是正道；是有为，是无为；是世间，是涅槃。以难化之人，心如猿猴故，以若干种法，制御其心，乃可调伏。譬如象马，憍悷不调[②]，加诸楚毒，乃至彻骨，然后调伏。如是刚强难化众生，故以一切苦切之言，乃可入律。"

彼诸菩萨闻说是已，皆曰："未曾有也！如世尊释迦牟尼佛，隐其无量自在之力，乃以贫所乐法，度脱众生。斯诸菩萨，亦能劳谦，以无量大悲，生是佛土。"

维摩诘言："此土菩萨，于诸众生，大悲坚固，诚如所言。然其一世饶益众生，多于彼国百千劫行。所以者何？此娑婆世界，有十事善法[③]，诸余净土之所无有。何等为十？以布施，摄贫穷；以净戒，摄毁禁；以忍辱，摄瞋恚；以精进，摄懈怠；以禅定，摄乱意；以智慧，摄愚痴；说除难法，度八难者；以大乘法，度乐小乘者；以诸善根，济无德者；常以四摄，成就众生。是为十。"

彼菩萨曰："菩萨成就几法，于此世界行无疮疣④，生于净土？"

维摩诘言："菩萨成就八法，于此世界行无疮疣，生于净土。何等为八？饶益众生而不望报；代一切众生受诸苦恼，所作功德尽以施之；等心众生，谦下无碍；于诸菩萨，视之如佛；所未闻经，闻之不疑；不与声闻而相违背；不嫉彼供，不高己利，而于其中调伏其心；常省己过，不讼彼短，恒以一心求诸功德。是为八法。"

维摩诘、文殊师利于大众中说是法时，百千天人，皆发阿耨多罗三藐三菩提心，十千菩萨，得无生法忍。

注释：

①一切德藏三昧：指具足一切功德的三昧。"三昧"即"定"。僧肇说："此三昧力，能生诸功德也。"

②恃悷（lǒng lì）：凶狠暴戾的意思。

③十事善法：十种行善的方法。

④疮疣（chuāng yóu）：比喻痛苦或灾祸。

译文：

其时，维摩诘问众香菩萨道："香积如来如何说法呢？"

众香世界的诸位菩萨回答道："我们国土香积如来，不用文字语言说法，只是以众香熏习，使诸天人身心安稳，合乎清净律行。菩萨各自坐于香树之下，闻到这种妙香，即可获得具足一切功德的三昧禅定。获得这种三昧禅定者，菩萨的所有功德，全都具足。"

众香世界的诸位菩萨问维摩诘道："这娑婆世界的世尊，释迦牟尼佛如何说法呢？"

维摩诘回答道："因为这里的众生桀骜不驯，刚强难化，所以释迦牟尼佛为他们演说各种刚强有力的法门来调伏他们。佛祖为他们演说：这是地狱、这是畜生、这是饿鬼、这是八难处、这是愚人所生之处。佛祖为他们演说：这是身邪行，这是身邪行的报应；这是口邪行，这是口邪行的报应；这是意邪行，这是意邪行的报应；这是杀生，这是杀生的报应；这是不与取，这是不与取的报应；这是邪淫，这是邪淫的报应；这是妄语，这是妄语的报应；这是两舌，这是两舌的报应；这是恶口，这是恶口的报应；这是无义语，这是无义语的报应；这是贪嫉，这是贪嫉的报应；这是瞋恼，这是瞋恼的报应；这是邪见，这是邪见的报应；这是悭悋，这是悭悋的报应；这是毁戒，这是毁戒的报应；这是瞋恚，这是瞋恚的报应；这是懈怠，这是懈怠的报应；这是乱意，这是乱意的报应；这是愚痴，这是愚痴的报应。佛祖为他们演说：这是结戒，这是持戒，这是犯戒；这是应作，这是不应作；这是障碍，这是不障碍；这是得罪，这是离罪；这是净，这是垢；这是有漏，这是无漏；这是邪道，这是正道；这是有为，这是无为；这是世间，这是涅槃。因为这世界刚强难化之人，心如猿猴，所以用若干种法门来制约他们的心意，然后才能调伏他们。譬如猛象与烈马，桀骜难驯，就要加以各种苦楚毒打，乃至痛彻骨髓，然后才能将其驯服。正如这样，对于刚强难化的众生，就要用一切痛苦哀切的语言来教化他们，才能使他们的身心合乎清净律行。"

众香世界的诸位菩萨听了维摩诘说完这番话后，都感叹地说："这真是前所未闻啊！世尊释迦牟尼佛隐藏自己的无量自在威德神力，竟以智慧贫乏者所喜乐的法门来度脱众生。而这世界的诸位菩萨，也都能够勤劳谦让，以无量大悲心，生于此娑婆世界，助扬如来无上正法，利乐如是难化众生。"

维摩诘说："这个世界的诸位菩萨，对于一切众生发起坚固的不可思议大悲心，正如诸位所说。然而他们一生饶益众生所得功德，多于其他世界中的菩萨百千劫饶益众生所得功德。为什么呢？这娑婆世界有十种善法，是其他净土所没有的。是哪十种善法呢？一是以布施摄持贫穷者；二是以清净持戒摄化毁禁犯戒者；三是忍辱摄化嗔恚者；四是以精进摄化懈怠者；五是以禅定摄化乱意者；六是以智慧摄化愚痴者，七是宣说消除苦难的法门来度化陷入八难者；八是以大乘佛法度化喜乐小乘者；九是以诸善根济度无德者；十是常以四摄法成就一切众生。这就是娑婆世界的十种善法。"

众香世界的诸位菩萨问道："菩萨成就哪些法门，才能在这娑婆世界修行完美没有缺失，命终之后往生净土呢？"

维摩诘说:"菩萨成就八种法门,才能在这婆婆世界修行完美没有缺失,命终之后往生净土。是哪八种法门呢? 一是饶益众生而不望回报;二是代替一切众生承受种种苦恼,所作一切功德全都布施给众生;三是以平等心对待一切众生,谦恭无恼自在无碍;四是敬爱诸位菩萨,如同佛祖;五是对自己所未曾听闻的佛经,听到时深信不疑;六是不与声闻小乘法相违背;七是不嫉妒别人所受的供养,不炫耀自己的功德利益,而在其中调伏自己的心念;八是经常反省自己的过失,不指责别人的短处,恒常一心求取种种功德。这就是菩萨应当成就的八种法门。"

维摩诘与文殊菩萨在大众中演说这些佛法的时候,百千位天人都发起无上正等正觉之心,一万菩萨证得无生法忍。

菩萨行品第十一

本品的主要内容是关于菩萨的修行问题。尊者阿难赞叹香饭能作佛事，佛陀趁机为阿难等演说"入一切诸佛法门"；所谓"入一切诸佛法门"，是指诸佛的一切威仪进止、动作施为皆是佛事，乃至八万四千烦恼也都可以用作佛事。

本品又通过香积佛国诸菩萨向释迦牟尼问法，演绎出菩萨当修"不尽有为，不住无为"的"尽、无尽解脱法门"。所谓"不尽有为"是不离开世俗世界、世俗众生；所谓"不住无为"是不住于空，不以证空为归趣。"不尽有为，不住无为"展示了大乘菩萨应当不住涅槃、不离世间，地狱不空、誓不成佛的慈悲济世精神。

是时，佛说法于庵罗树园，其地忽然广博严事，一切众会，皆作金色！阿难白佛言："世尊，以何因缘，有此瑞应？是处忽然广博严事，一切众会，皆作金色！"佛告阿难："是维摩诘、文殊师利，与诸大众恭敬围绕，发意欲来，故先为此瑞应。"

于是维摩诘语文殊师利："可共见佛，与诸菩萨礼事供养。"文殊师利言："善哉，行矣！今正是时。"维摩诘即以神力，持诸大众并师子座，置于右掌，往诣佛所。到已著地，稽首佛足，右绕七匝①，一心合掌，在一面立。其诸菩萨，即皆避座，稽首佛足，亦绕七匝，于一面立。诸大弟子、释、梵、四天王等，亦皆避座，稽首佛足，在一面立。于是世尊如法慰问诸菩萨已，各令复坐，即皆受教。

众坐已定，佛语舍利弗："汝见菩萨大士自在神力之所为乎？"

"唯然，已见。"

"汝意云何？"

"世尊，我睹其为不可思议，非意所图，非度所测。"

尔时，阿难白佛言："世尊，今所闻香，自昔未有，是为何香？"

佛告阿难："是彼菩萨毛孔之香。"

于是舍利弗语阿难言："我等毛孔，亦出是香。"

阿难言："此所从来？"

曰："是长者维摩诘从众香国，取佛余饭，于舍食者，一切毛孔皆香若此。"

阿难问维摩诘："是香气住当久如？"

维摩诘言："至此饭消。"

曰："此饭久如当消？"

曰："此饭势力，至于七日，然后乃消。又，阿难！若声闻人未入正位②，食此饭者，得入正位，然后乃消；已入正位，食此饭者，得心解脱，然后乃消。若未发大乘意，食此饭者，至发意乃消；已发意，食此饭者，得无生忍，然后乃消；已得无生忍，食此饭者，至一生补处③，然后乃消。譬如有药，名曰上味，其有服者，身诸毒灭，然后乃消。此饭如是，灭除一切诸烦恼毒，然后乃消。"

阿难白佛言："未曾有也！世尊！如此香饭，能作佛事。"

佛言："如是，如是，阿难！或有佛土，以佛光明而作佛事，有以诸菩萨而作佛事，有以佛所化人而作佛事，有以菩提树而作佛事，有以佛衣服、卧具而作佛事，有以饭食而作佛事，有以园林、台观而作佛事，有以三十二相、八十随形好而作佛事，有以佛身而作佛事，有以虚空而作佛事。众生应以此缘得入律行。有以梦、幻、影、响、镜中像、水中月、热时焰④，如是等喻，而作佛事；有以音声、语言、文字而作佛事；或有清净佛土，寂寞无言，无说无示，无识、无作、无为而作佛事。如是，阿难！诸佛威仪进止，诸所施为，无非佛事。阿难！有此四魔⑤，八万四千诸烦恼门，而诸众生为之疲劳，诸佛即以此法而作佛事，是名入一切诸佛法门。

"菩萨入此门者，若见一切净好佛土，不以为喜，不贪不高；若见一切不净佛土，不以为忧，不碍不没；但于诸佛生清净心，欢喜恭敬，未曾有也。诸佛如来功德平等，为教化众生故，而现佛土不同。阿难！汝见诸佛国土，地有若干⑥，而虚空无若干也。如是，见诸佛色身有若干耳，其无碍慧无若干也。阿难！诸佛色身、威相、种性、戒、定、智慧、解脱、解脱知见、力、无所畏、不共之法、大慈、大悲、威仪、所行,及其寿命、说法教化、成就众生、净佛国土、具诸佛法,悉皆同等。是故名为三藐三佛陀⑦,名为多陀阿伽度⑧,名为佛陀。

"阿难!若我广说此三句义,汝以劫寿,不能尽受;正使三千大千世界,满中众生,皆如阿难多闻第一,得念总持,此诸人等,以劫之寿,亦不能受。如是,阿难!诸佛阿耨多罗三藐三菩提,无有限量,智慧辩才,不可思议。"

阿难白佛言:"我从今已往,不敢自谓以为多闻。"

佛告阿难:"勿起退意!所以者何?我说汝于声闻中为最多闻,非谓菩萨。且止,阿难!其有智者,不应限度诸菩萨也。一切海渊尚可测量,菩萨禅定智慧,总持辩才,一切功德,不可量也。阿难!汝等舍置菩萨所行⑨。是维摩诘一时所现神通之力,一切声闻、辟支佛,于百千劫尽力变化所不能作。"

注释:

①右绕七匝:"匝"亦即圈,意思是从右边起始环绕七圈。

②正位:此指声闻乘初果,得入无漏境。僧肇《注维摩诘经》卷九:"入无漏境,名入正位焉。"

③一生补处:指菩萨修行的一个阶位。菩萨到达此阶位后,只要再经一生的修行,就可成佛。

④热时焰：亦称"阳焰"，指阳光炙烤下产生的蜃影。此指虚幻不实的东西。

⑤四魔：指烦恼魔、欲魔、死魔、天魔。

⑥若干：不同性、差异性或多样性，直译为"不同"或"差别"。

⑦三藐三佛陀：梵语音译，意译为"正遍知"、"正等觉"。

⑧多陀阿伽度：梵语音译，意译为"如来"。

⑨舍置：这里的意思是"不必思量"、"不必测量"或"不应思惟"的意思。

译文：

这时候，世尊释迦牟尼佛正在庵罗树园说法，忽然间，庵罗树园变得广阔博大、庄严清净，一切会众全身都呈现金色。尊者阿难问佛陀道："世尊，由于什么因缘而产生这样的祥瑞？这庵罗树园忽然变得广阔博大、庄严清净，一切会众全身都呈现金色！"佛陀告诉阿难："这是维摩诘与文殊菩萨，在诸位大众的恭敬围绕之中，准备到我这里来，所以先有这样的祥瑞征兆。"

于是，维摩诘对文殊菩萨说道："我们应当一起去拜见佛祖，与诸位菩萨一起去礼敬供养世尊。"文殊菩萨说道："好啊，走吧！现在正是时候。"维摩诘当即以神通力，把与会诸大众及他们的狮子座都置于右掌之中，前往佛陀说法的庵罗树园。到了以后，维摩诘便将诸大众放在地上，稽首顶礼佛足，右绕佛陀七圈，恭敬合掌，站在一旁。其他诸位菩萨立即下狮子座，稽首顶礼佛足，也右绕佛陀七圈，站在一旁。诸位大弟子、帝释天、梵天、四天王等,也都下狮子座,稽首顶礼佛足,站在一旁。于是,世尊依照律仪慰问诸位菩萨,然后请他们坐回各自的狮子座,于是众人都受教而坐。

众人已经坐定后,佛陀对舍利弗说道:"你看见菩萨大士自在神力的所作所为了吗?"

舍利弗回答道:"是的,已经看见了。"

"那么,你看后有什么感想呢?"

"世尊,我亲眼目睹菩萨大士不可思议之作为,这不是我所意料和度量的。"

其时,尊者阿难问佛陀道:"世尊,现在我所闻到的香味,是我从来未曾闻到过的,这是什么香味呢?"

佛陀告诉阿难说:"这是那些菩萨毛孔中所散发出来的香味。"

于是,舍利弗对阿难说道:"我们的毛孔也散发出这种香味哩。"

阿难问道:"这香味是从哪里来的呢?"

舍利弗答道:"这是长者维摩诘从众香国取来香积佛的剩饭,在维摩诘居室食用这饭者,一切毛孔中都散发出这样的香味。"

阿难问维摩诘道:"这香味能保持多久呢?"

维摩诘答道:"到这饭完全消化为止。"

阿难问道:"这饭多长时间能完全消化呢?"

维摩诘答道:"这饭的势力可以保持七日,然后就渐渐消化了。还有,阿难!如果是尚未证入无漏正位的声闻乘修行者,吃了此饭，到他证入无漏正位时，这饭的势力才会消失；已经证入无漏正位的声闻众，吃了此饭，到他证得阿罗汉果位时，这饭的势力才会消失。如果是还未发起大乘菩提心者，吃了此饭，到他发起大乘菩提心时，这饭的势力才会消失；已经发起大乘菩提心者，吃了此饭，到他证得无生法忍时，这饭的势力才会消失；已经证得无生法忍者，吃了此饭，到他成为一生补处菩萨时，这饭的势力才会消失。譬如有一种最好的良药，名叫上味，凡是服食了这种药的人，只有等到全身各种病毒都被清除以后，这药的势力才会消失。这香饭也是如此，只有等到灭尽一切烦恼病患以后，这饭的势力才会消失。"

阿难对佛陀说道："这真是前所未闻啊！世尊！这样的香饭还能够用来作佛事。"

佛陀说道："正是这样，正是这样，阿难！在十方世界之中，有的佛土以佛身光明来作佛事，有的佛土以诸菩萨来作佛事，有的佛土以佛之化身来作佛事，有的佛土以菩提树来作佛事，有的佛土以佛的衣服、卧具来作佛事，有的佛土以饭食来作佛事，有的佛土以园林、台观来作佛事，有的佛土以三十二种相、八十种好来作佛事，有的佛土以佛身来作佛事，有的佛土以虚空来作佛事。各个佛土中的众生各各随顺所缘，入于佛教清净律行。有的佛土以梦、幻、影、响、镜中像、水中月、热时焰，如是等等譬喻来作佛事；有的佛土以声音、语言、文字来作佛事；有的清净佛土以寂寞无言，无说无示，无识、无作、无为来作佛事。正是这样，阿难啊！诸佛一切威仪进止、动作施为，都是佛事。阿难！正是因为世间有这样的天魔、死魔、欲魔、烦恼魔四种魔怨和八万四千种烦恼门，而诸众生都受到这些魔怨烦恼的侵扰而心神交瘁，诸佛如来便以这些烦恼魔怨来作佛事，这就叫做入一切诸佛法门。

"菩萨悟入这种法门，如果看见一切清净美好的佛土，不心生喜乐，不贪着不自傲；如果看见一切不清净的佛土，也不心生忧愁，不罣碍不逃避；只是对十方一切诸佛生起欢喜恭敬的清净心，赞叹这是从未有过的事情。诸佛如来功德平等圆满，只是为了教化众生的缘故，而方便示现佛土的不同罢了。阿难！你看见的诸佛国土，土地有优劣不同，而其上虚空却没有差别。正如这样，你看见的诸佛色身虽然显现种种不同，而诸佛无碍福慧究竟圆满，毫无差别。阿难！诸佛之色身、威相、种性、戒、定、智慧、解脱、解脱知见、十力、四无畏、十八不共法、大慈、大悲、威仪、所行，以及住世寿命、说法教化、成就众生、清净佛土、具诸佛法等等，全部都是相同的。所以这就叫做正遍知，叫做如来，叫做佛陀。

"阿难！如果我要详加解说这三个称号的涵义，即使你的寿命长达一劫，恐怕也不能全部听受完；即使三千大千世界的所有众生都如同你阿难那样，最为博见多闻，获得卓越的忆念总持能力，这所有众生的寿命长达一劫，恐怕也不能全部听受完。正如这样，阿难！诸佛的无上正等正觉是没有限量的，诸佛的智慧辩才是不可思议的。"

阿难对佛陀说道："世尊！我从今以后，不敢再自以为博知多闻了。"

佛陀对阿难说道："切勿生起退转之意！为什么呢？我说你

最为博知多闻,是在声闻众当中,而不是在菩萨当中。且止前面所言和测度之心,阿难!那些有智慧者是不会去度量诸菩萨的功德智慧。一切大海的深度尚可测量,而菩萨的禅定智慧、总持辩才、一切功德,是不可限量的。阿难!你们不必思量菩萨所行。这维摩诘居士一时所示现的神通法力,是一切声闻、辟支佛历经千百劫的时间,使尽他们的一切神通变化,也不能做到的。"

尔时,众香世界菩萨来者,合掌白佛言:"世尊!我等初见此土,生下劣想,今自悔责,舍离是心。所以者何?诸佛方便,不可思议;为度众生故,随其所应,现佛国异。唯然,世尊!愿赐少法,还于彼土,当念如来。"

佛告诸菩萨:"有尽、无尽解脱法门①,汝等当学。何谓为尽?谓有为法。何谓无尽?谓无为法。如菩萨者,不尽有为,不住无为。

"何谓不尽有为?谓不离大慈,不舍大悲;深发一切智心,而不忽忘;教化众生,终不厌倦;于四摄法,常念顺行;护持正法,不惜身命;种诸善根,无有疲厌;志常安住,方便回向;求法不懈,说法无吝。勤供诸佛,故入生死②,而无所畏;于诸荣辱,心无忧喜;不轻未学,敬学如佛;堕烦恼者,令发正念;于远离乐,不以为贵;不著己乐,庆于彼乐。在诸禅定,如地狱想;于生死中,如园观想③;见来求者,为善师想;舍诸所有,具一切智想;见毁戒人,起救护想;诸波罗蜜,为父母想；道品之法，为眷属想。发行善根，无有齐限；以诸净国，严饰之事，成己佛土；行无限施，具足相好；除一切恶，净身口意；生死无数劫，意而有勇；闻佛无量德，志而不倦。以智慧剑，破烦恼贼；出阴界入④，荷负众生，永使解脱；以大精进，摧伏魔军；常求无念，实相智慧；行少欲知足，而不舍世法；不坏威仪，而能随俗；起神通慧，引导众生；得念总持，所闻不忘；善别诸根，断众生疑；以乐说辩⑤，演法无碍；净十善道，受天人福；修四无量，开梵天道；劝请说法，随喜赞善，得佛音声；身口意善，得佛威仪；深修善法，所行转胜；以大乘教，成菩萨僧；心无放逸，不失众善。行如此法，是名菩萨不尽有为。

"何谓菩萨不住无为？谓修学空，不以空为证；修学无相、无作，不以无相、无作为证；修学无起，不以无起为证。观于无常，而不厌善本；观世间苦，而不恶生死；观于无我，而诲人不倦；观于寂灭，而不永寂灭；观于远离⑥，而身心修善；观无所归，而归趣善法；观于无生，而以生法荷负一切；观于无漏，而不断诸漏；观无所行，而以行法教化众生；观于空无⑦，而不舍大悲；观正法位，而不随小乘；观诸法虚妄，无牢无人⑧，无主无相⑨，本愿未满，而不虚福德禅定智慧。修如此法，是名菩萨不住无为。

"又，具福德故，不住无为；具智慧故，不尽有为。大慈悲故，不住无为；满本愿故，不尽有为。集法药故^⑩，不住无为；随授药故，不尽有为。知众生病故，不住无为；灭众生病故，不尽有为。诸正士菩萨，已修此法，不尽有为，不住无为，是名尽、无尽解脱法门。汝等当学。"

尔时，彼诸菩萨闻说是法，皆大欢喜，以众妙华，若干种色，若干种香，散遍三千大千世界，供养于佛，及此经法，并诸菩萨已，稽首佛足，叹未曾有，言："释迦牟尼佛，乃能于此善行方便。"言已，忽然不现，还到彼国。

注释：

①尽、无尽："尽"指有生有灭的现象，即有为法；"无尽"即无生无灭，指无为法。

②故：故意，自愿。

③如园观：如同在园林景观中一样。

④出阴界入：梵文本译为"通晓阴界入"，奘译为"于蕴、界、处求遍了知"。

⑤乐说辩：乐说辩才，"四辩"之一，指辩说法义，圆融无滞，为众生乐说自在。四辩，又作"四无碍辩"，即法无碍智、义无碍智、词无碍智、乐说无碍。"法无碍智"是通达诸法的名字，分别无滞；"义无碍智"是了知一切法之理，通达无碍；"词无碍智"是通晓各种言语，能随意演说；"乐说无碍"即是乐说辩才。

⑥观于远离：观照第一义谛，离于身心相，叫做"观远离"。

⑦空无：众生无我。

⑧无牢：指不坚牢，没有真实坚牢之性。

⑨无相：没有真实的相状。一般具其他二义：一、于一切相，离一切相，即是无相；二、"涅槃"的别名，因涅槃离一切虚妄之相。

⑩法药：指佛法为治疗众生疾苦之良药，故佛典中常以法药喻佛法。

译文：

其时，来自众香世界的诸位菩萨，都双手合十，恭敬地问释迦牟尼佛道："世尊！我们刚看见这佛土的时候，产生了此土卑下低劣的想法，现在我们都后悔自责，舍弃了这种想法。为什么呢？诸佛境界方便善巧，真是太不可思议了；为了济度众生的缘故，诸佛随应众生的不同情况而示现种种不同的佛土。对啦，世尊！请您赐教些许佛法，让我们带回到众香世界，由于此佛法的缘故，我们恒常忆念如来。"

佛陀对诸位菩萨说道："有'尽、无尽解脱法门'，你们应当修习。什么是'尽'呢？就是有为法。什么是'无尽'呢？就是无为法。菩萨既不应该灭尽有为法，也不应当安住于无为法。

"什么是'不灭尽有为法'呢？就是说，菩萨应该不离大慈，不舍大悲；深深发起一切智心，念念不忘；教化众生，永不厌倦；对于四摄法，恒常念持，随顺践行；护持佛教正法，不惜身体性命；培植种种善根，永无疲劳厌倦；常怀济世度生之宏愿，通达方便，将一切功德善行都回向给众生；追求正法永不懈怠，演说佛法毫不悭吝。殷勤供养诸佛，自愿入于生死而无所畏惧；对于各种荣辱，心无忧喜；不轻视初学者，尊敬学佛者如同尊敬佛祖；对于堕入烦恼中的众生，使他们发起正念；对于远离生死烦恼之乐，不以为珍贵；不贪着于自己的快乐，而能随喜于他人的快乐。在诸禅定中而不贪着，视如地狱之境；在生死中而不畏惧，视如观赏园林；遇见前来乞求于己者，视之为良师益友；舍弃自己一切所有，发愿追求一切智；看见那些毁禁犯戒之人，要生起救护的想法；将诸波罗蜜视为自己的父母；将三十七道品视为自己的眷属。发心修行善根，永无止境；以诸清净佛土庄严美饰，成就自己所居佛土；行无限量的布施，具足一切如来相好；断除一切恶业，清净身、口、意三业；经受无数劫的生死流转，心意始终勇猛无畏；听闻诸佛的无量功德，立志追求而永无倦意。以智慧之剑，破除烦恼之贼；已经超出五蕴、十八界、十二入的系缚，而能荷担众生，使他们得到永远的解脱；以勇猛精进，摧伏一切魔怨大军；恒常追求离妄无念的实相智慧；虽然常乐习行少欲知足的法门，而又不舍弃世间法；不毁坏自己的威仪，而又能随顺世俗的作为；发起神通智慧来引导众生；获得忆念总持，不会忘记所听闻的一切正法；善于分别众生的根机利钝，断除众生的疑惑；以乐说辩才，演说佛法圆融无碍；修行清净的十善道，受天人殊胜福报；修行慈、悲、喜、舍四无量心，打开通往梵天的道路；劝请诸佛如来为众生演说佛法，随喜赞叹，获得如同诸佛一样的美妙音声；清净身、口、意三业，获得如同诸佛一样的威仪；深入修行一切善法，所作修行日益殊胜；以大乘佛法，来成就修行菩萨道的僧众；心意清净平和而不放逸，不毁弃一切功德善行。修行这样的佛法，就叫做菩萨不灭尽有为法。

"什么是菩萨'不安住于无为法'呢？就是说，菩萨修学空解脱门，而不以证见空性为究竟；修学无相、无作解脱门，而不以证见无相、无作为究竟；修学无起解脱门，而不以证见无起为究竟。观照诸法无常，而又不厌离众善根本；观照世间一切皆苦，而又不厌恶生死世间；观照众生无我，而又能诲人不倦；观照涅槃寂灭，而又不住于涅槃寂灭；观照远离究竟安乐，而又勤修身心善业；观照诸法无所从来，也无所归处，而又归心于善法；观照诸法毕竟不生不灭，而又能以生灭法荷担一切众生；观照清净无漏法，而又不断灭世间的种种烦恼；观照诸法空寂本无所行，而又能以修行方法教化众生；观照众生本性空无，而又不舍弃救度众生的大悲心；观照法体本空的正法位，而又不执着于空，堕入小乘；观照诸法虚妄不实，没有真实坚牢之性，无人无我，也没有真实的相状，只是因为菩萨本愿尚未圆满成就的缘故，而实心修行福德禅定智慧。修行这样的佛法，就叫做菩萨不安住于无为法。

"还有，为具足福德的缘故，菩萨不安住于无为法；为具足智慧的缘故，菩萨不灭尽有为法。因为大慈大悲的缘故，菩萨不安住于无为法；因为圆满本愿的缘故，菩萨不灭尽有为法。因为采集佛法良药的缘故，菩萨不安住于无为法；因为随缘施药，治疗众生疾病的缘故，菩萨不灭尽有为法。因为要了知众生疾病的缘故，菩萨不安住于无为法；因为要灭除众生疾病的缘故，菩萨不灭尽有为法。诸位菩萨大士，已经修行这种法门，既不灭尽有为法，也不安住于无为法，这叫做'尽、无尽解脱法门'。你们应当修学这种法门。"

其时，众香世界的诸位菩萨听闻了释迦牟尼佛演说这样的法门，皆大欢喜，以无量种种颜色、种种香味的美妙香花洒遍三千大千世界，供养佛陀和这种法门，以及诸位菩萨，然后稽首顶礼佛足，赞叹这是从未有过的事情，并说："释迦牟尼佛，意能如此善行种种方便以济度群生啊"说完话后，忽然就不见了，回到了他们的众香世界。

见阿閦佛品第十二

阿閦(chù)佛，佛名。又作"阿閦鞞佛"、"阿閦婆"，意译为"无动佛"、"无瞋恚佛"，住于东方妙喜世界。依本品内容，先见释迦牟尼佛，后见阿閦佛，因为释迦牟尼佛恒常见到，而阿閦佛则为初见，故名"见阿閦佛品"以示彰显。

本品主要阐释"如来"、"实相"、"法身"、"法性"等重要范畴，以及维摩诘为化众生而来生此土的殊胜因缘，并由此衍化出种种微妙法义和庄严场景。

维摩诘在回答佛陀提出的"何等观如来"时说："如自观身实相，观佛亦然。我观如来：前际不来，后际不去，今则不住"，"非有相，非无相，同真际，等法性"，说明如来法身（实相）无在而无不在，非有为，非无为，超越于万有之上，又寓于万法之中，是诸法之本原，解脱之根据。维摩诘以"无没生"回答舍利弗问"汝于何没而来生此"，说明一切诸法如同梦幻；进而通过佛告舍利弗，维摩诘乃是从清净之妙喜国来生此娑婆世界的大菩萨，说明大乘菩萨"虽生不净佛土，为化众生，而不与愚暗而共合"。于是与会大众都十分渴望能亲眼目睹妙喜世界、无动如来，维摩诘现神通力，以其右手，断取妙喜世界，呈现在与会诸大众面前，显示了维摩诘的不可思议神通以及妙喜佛土的清净庄严。

尔时，世尊问维摩诘："汝欲见如来，为以何等观如来乎？"

　　维摩诘言："如自观身实相，观佛亦然。我观如来：前际不来，后际不去，今则不住；不观色，不观色如，不观色性①；不观受、想、行、识，不观识如，不观识性；非四大起，同于虚空；六入无积②，眼耳鼻舌身心已过；不在三界，三垢已离③；顺三脱门④，具足三明⑤，与无明等。不一相，不异相；不自相，不他相；非无相，非取相；不此岸，不彼岸，不中流⑥，而化众生。观于寂灭，亦不永灭。不此不彼；不以此，不以彼；不可以智知，不可以识识。

　　"无晦无明；无名无相；无强无弱；非净非秽；不在方，不离方；非有为，非无为；无示无说。不施不悭；不戒不犯；不忍不恚；不进不怠；不定不乱；不智不愚；不诚不欺；不来不去；不出不入；一切言语道断⑦。

　　"非福田，非不福田；非应供养，非不应供养；非取非舍；非有相，非无相；同真际，等法性；不可称，不可量，过诸称量。非大非小；非见非闻；非觉非知；离众结缚；等诸智，同众生；于诸法无分别⑧；一切无失，无浊无恼；无作无起；无生无灭；无畏无忧，无喜无厌；无已有，无当有，无今有；不可以一切言说分别显示。世尊！如来身为若此，作如是观。以斯观者，名为正观；若他观者，名为邪观。"

注释:

①不观色,不观色如,不观色性:不观如来色而非色的色相,不观如来色相的如如实相,不观如来色相的非有非无之本性。此句异解颇多。一、竺道生说:"色者,色之事也;如者,色不异也;性者,无本为色也。"二、色相、色如、色性为凡夫、二乘、菩萨所观之相。三、色、色如、色性皆为如来之如实色也,观无所观,故不观。奘译为"我观如来色真如性,其性非色"。

②无积:并非"六入"感知积集而成。奘译为"不起"。

③三垢:即贪、瞋、痴三毒。

④三脱门:即空、无相、无作三解脱门。

⑤三明:即宿命明、天眼明、漏尽明。详见前注。

⑥中流:比喻结使烦恼。烦恼流于生死此岸与涅槃彼岸之间,故称"中流"。

⑦言语道断:指无法用语言文字来表达的究竟真理。道,方式。断,断绝。

⑧于诸法无分别:与一切诸法没有任何分别。于,同"与"。

译文:

其时,世尊问维摩诘道:"你想见如来,那么,你是怎样看待如来的呢?"

维摩诘答道:"如同观照自身实相,我观如来也是这样。我观如来:过去的如来不曾来到,将来的如来不会离去,现在的如来不会留住;我观如来:不观如来色而非色的色相,不观如来色相的如如实相,不观如来色相的非有非无之本性;不观如来的受、想、行、识，不观如来之识的如如实相，不观如来之识的非有非无之本性；如来并非'四大'因缘而生，等同于同虚空；如来并非'六入'积集而成，已经超过眼耳鼻舌身心的感知；如来不在三界之中，已经远离贪、瞋、痴三毒；随顺空、无相、无作三解脱门，具足天眼、宿命、漏尽三明，三明与无明等同。如来不是一相，也不是异相；不是自相，也不是他相；并非无相，也并非取相；既不在生死此岸，又不住于涅槃彼岸，也不处于两岸之间的中流，而方便教化众生。观照寂灭之境，而不永入寂灭。不在此处，也不在彼处；不以为在此处，也不以为在彼处；不能以智慧来理解，也不能以识来识别。

　　"我观如来：没有晦暗，也没有光明；没有名号，也没有形相；不是强大，也不是弱小；并非清净，也并非污秽；不在方所之内，又不远离方所；不是有为，也不是无为；无所显示，也无所言说。我观如来：既不布施，也不悭吝；既不持戒，也不犯戒；既不忍辱，也不瞋恚；既不精进，也不懈怠；既不禅定，也不昏乱；既无智慧，也不愚痴；既不诚实，也不欺诈；既不来，也不去；既不出，也不入；一切语言文字无法表达。

　　"我观如来：不是福田，也并非不是福田；不应当供养，也并非不应当供养；不可执取，也并非无法舍弃；没有形相，也并非没有形相；同于真际，等于法性；不可称名，不可度量，超过一切名称度量。我观如来：不是大，也不是小；不可看见，也不可听闻；不可感觉，也不可认知；远离一切烦恼结缚；等于一切智慧，同于一切众生；与一切诸法没有任何分别；没有任何过失、任何污浊、任何烦恼；没有造作，也没有生起；没有产生，也没有消灭；没有畏惧，没有烦忧，没有喜乐，也没有厌恶；没有过去已有，没有将来当有，也没有现在今有；不可以用一切语言、分别来显示。世尊！如来法身就是这样，应当这样去观照如来。能够这样去观照如来，就是正观；如果不是这样去观照如来，就是邪观。"

　　尔时，舍利弗问维摩诘："汝于何没，而来生此？"

　　维摩诘言："汝所得法，有没生乎^①？"

　　舍利弗言："无没生也。"

　　"若诸法无没生相，云何问言：'汝于何没而来生此？'于意云何？譬如幻师，幻作男女，宁没生耶？"

　　舍利弗言："无没生也。"

　　"汝岂不闻，佛说诸法如幻相乎？"

　　答曰："如是。"

　　"若一切法如幻相者，云何问言：'汝于何没而来生此？'舍利弗！没者为虚诳法，败坏之相；生者为虚诳法，相续之相。菩萨虽没，不尽善本；虽生，不长诸恶。"

　　是时，佛告舍利弗："有国名妙喜，佛号无动，是维摩诘于彼国没，而来生此。"

　　舍利弗言："未曾有也！世尊！是人乃能舍清净土，而来乐此多怒害处。"

　　维摩诘语舍利弗："于意云何？日光出时，与冥合乎？"

答曰："不也。日光出时,则无众冥。"

维摩诘言："夫日何故行阎浮提?"

答曰："欲以明照为之除冥。"

维摩诘言："菩萨如是,虽生不净佛土,为化众生,不与愚暗而共合也,但灭众生烦恼暗耳。"

注释:

①没生:即死生,或指生灭。没,死、灭的意思。

译文:

其时,舍利弗问维摩诘道:"您是在哪里入灭以后,才转生到这里来的呢?"

维摩诘答道:"你所证得的佛法,有消失与生起吗?"

舍利弗说:"没有消失与生起啊。"

"既然诸法没有消失与生起,那你为什么还要问我:'你是在哪里入灭以后,才转生到这里来的呢?'这是什么意思呢?譬如魔术师变幻出来的男男女女,难道他们有灭亡与出生吗?"

舍利弗说:"没有灭亡与出生啊。"

"你难道没有听过,佛祖说一切诸法如同幻相吗?"

舍利弗答道:"正是这样。"

"如果说一切诸法如同幻相,那你为什么还要问我:'你是在哪里入灭以后,才转生到这里来的呢?'舍利弗!所谓消失或灭亡,不过是虚诳之法的败坏之相;所谓的生起或出生,也不过是虚诳之法的相续之相;菩萨虽然入灭,不会断尽功德善本；虽然受生，不会增长种种恶业。"

这时，佛陀告诉舍利弗："有一个国度，名叫妙喜的，那里的佛祖名号为无动，这位维摩诘居士就是在那个国度入灭后，才转生到这里来的。"

舍利弗说道："这真是未曾有过的事情啊！世尊！此人竟然能够舍去妙喜国的清净佛土，而来到这里，喜乐这个充满怨怒毒害的娑婆世界。"

维摩诘说道："你这话是什么意思呢？譬如说，当日光出现时，它会与黑暗合在一起吗？"

舍利弗答道："不会的。当日光出现时，黑暗也就消失了。"

维摩诘说："那么太阳为什么运行于阎浮提世界呢？"

舍利弗答道："欲以光明除去阎浮提世界的黑暗。"

维摩诘说："菩萨也是这样，虽然为了教化众生而受生于不清净的佛土，却不会与愚痴暗昧共居同处，只是为了消灭众生的烦恼暗障罢了。"

是时，大众渴仰，欲见妙喜世界，无动如来，及其菩萨、声闻之众。佛知一切众会所念，告维摩诘言："善男子！为此众会现妙喜国、无动如来，及诸菩萨、声闻之众，众皆欲见。"

于是维摩诘心念：吾当不起于座，接妙喜国，铁围山川，溪谷江河，大海泉源，须弥诸山，及日月星宿，天、龙、鬼、神、梵天等宫，并诸菩萨、声闻之众，城邑聚落，男女大小，乃至无动如来，及菩提树，诸妙莲华，能于十方作佛事者。三道宝阶，从阎浮提至忉利天[1]；以此宝阶，诸天来下，悉为礼敬无动如来，听受经法；阎浮提人，亦登其阶，上升忉利，见彼诸天。妙喜世界，成就如是无量功德。上至阿迦尼吒天[2]，下至水际[3]，以右手断取，如陶家轮，入此世界，犹得华鬘，示一切众。

作是念已，入于三昧，现神通力，以其右手，断取妙喜世界，置于此土。彼得神通菩萨及声闻众，并余天人，俱发声言："唯然！世尊！谁取我去？愿见救护！"无动佛言："非我所为，是维摩诘神力所作。"其余未得神通者，不觉不知己之所往。

妙喜世界虽入此土，而不增减；于是世界亦不迫隘，如本无异。

尔时，释迦牟尼佛告诸大众："汝等且观妙喜世界，无动如来！其国严饰，菩萨行净，弟子清白。"皆曰："唯然！已见。"

佛言："若菩萨欲得如是清净佛土，当学无动如来所行之道。"

现此妙喜国时，娑婆世界十四那由他人[4]，发阿耨多罗三藐三菩提心，皆愿生于妙喜佛土。释迦牟尼佛即记之曰："当生彼国。"

时妙喜世界，于此国土，所应饶益，其事讫已，还复本处，举众皆见。

佛告舍利弗："汝见此妙喜世界，及无动佛不？"

"唯然，已见。世尊！愿使一切众生得清净土，如无动佛；获神通力，如维摩诘。世尊！我等快得善利⑤，得见是人，亲近供养。其诸众生，若今现在，若佛灭后，闻此经者，亦得善利；况复闻已，信解受持，读诵解说，如法修行！若有手得是经典者，便为已得法宝之藏；若有读诵解释其义，如说修行，则为诸佛之所护念；其有供养如是人者，当知即为供养于佛；其有书持此经卷者，当知其室，即有如来；若闻是经，能随喜者，斯人则为趣一切智⑥；若能信解此经，乃至一四句偈，为他说者，当知此人，即是受阿耨多罗三藐三菩提记。"

注释：

①忉利天：位于须弥山之顶，帝释天居中，四方各有八天，合则三十三天，故忉利天亦称"三十三天"，属欲界第四天。

②阿迦尼吒天：意译为"色究竟天"，为色界十八天的最上层。

③水际：即水轮，成立世界的四轮之一。按照佛教的世界观构成，地下有空轮、风轮、水轮和金轮四个层次。在空轮之上有风轮，风轮之上，光音天的雨水造成深十一亿二万之水层，此水层即名"水轮"。

④那由他：古印度数目字，一那由他约相当于一亿。

⑤快：愉快，庆幸。

⑥趣：或作"取"，奘译为"摄受"。僧肇说："斯人会得一

切智故言取。"

译文：

这时，大众都非常仰慕，希望见到妙喜世界、无动如来，以及那里的菩萨、声闻大众。佛陀知晓一切与会大众心里所想，就对维摩诘说道："善男子啊！你就为这与会大众展现妙喜世界、无动如来，以及那里的诸位菩萨和声闻大众吧，大众都希望见见哩。"

于是，维摩诘心中想道：我应当不从座位起身，接引妙喜世界，妙喜世界的铁围山川、溪谷江河、大海泉源、须弥诸山，以及日月星宿，天、龙、鬼、神、梵天等的宫殿，还有诸位菩萨、声闻大众、城邑聚落、男女大小，乃至无动如来，以及菩提树、众妙莲华，举凡能在十方世界举办佛事者，都接引到这里来。妙喜世界有三道宝阶自然涌出，从阎浮提世界伸延至忉利天；凭借着这三道宝阶，诸天神可以下来，都是为了礼敬不动如来，听闻受持经法；阎浮提洲的人也可以登着这三道宝阶上升到忉利天，拜见那里的诸位天神。妙喜世界能成就这样的无量功德。上至阿迦尼吒天，下至水轮边际，我要以右手断取，如同制陶工人的转轮，置于右掌中，带到这个世界来，就好像手持花鬘一样，遍示一切与会大众。

维摩诘这样想了以后，就进入三昧禅定，显现神通威力，用他的右手断取妙喜世界，放置到这个世界中来。妙喜世界中获得神通的菩萨众，以及声闻众，还有其余的诸天、人，都大声喊道："哎呀，世尊啊！谁把我们带走了？希望您快救救我们吧。"不动如来说道:"这不是我做的事,这是维摩诘居士的神力所作的。"而其余没有获得神通者,不能觉知自己已经被带到娑婆世界当中来了。

妙喜世界虽然被搬入这个娑婆世界当中,却无增无减;这个世界也不因此而拥挤迮迫,与原样没有任何差别。

其时,释迦牟尼佛对诸位大众说道:"你们且看妙喜世界和无动如来!这个国度庄严美好,菩萨们道行清净,弟子们清白无瑕。"大家都答应道:"确实是这样啊,世尊!我们都已经亲眼看见了。"

释迦牟尼佛说道:"如果菩萨想要得到这样的清净佛土,应当修学无动如来所修行的大乘菩萨道。"

当维摩诘显现妙喜世界时,娑婆世界中有十四亿人,发起无上正等正觉之心,都发愿往生到妙喜佛国。释迦牟尼佛当即为他们授记,说:"你们将来会往生到妙喜佛国。"

其时,妙喜世界在娑婆世界当中,完成了所应当饶益众生的任务后,维摩诘又将其放置到原处,所有大众都亲眼目睹。

释迦牟尼佛对舍利弗说道:"你看见这妙喜世界和无动如来了吗?"

舍利弗答道:"是的,我已经看见了。世尊啊!希望能使一切众生获得清净佛土,如同无动佛一样;获得神通力,如同维摩诘居士一样。世尊啊!我们真是非常幸运,能够获得如此巨大的利益,能够见到这样的人物,得以亲近供养他们。但愿一切众生,无论是现在,还是佛入灭以后,只要有缘听闻这部佛经者,也都能获得巨大的利益;更不用说,在听闻之后,能够信解、受持、读诵、解说这部佛经，并依照经义修行的人了！如果有人获得这部经典，就是已经获得了佛法的宝藏；如果有人能够读诵经文，解释经义，并依照经中所说精进修行，就会得到诸佛的护佑关怀；如果有人供养这样的人，应当知道这就是在供养佛祖；如果有人书写受持这部经卷，应当知道其室中就有如来；如果有人听闻这部佛经而能随喜赞叹，这人便会得到一切福德智慧；如果有人能够信奉受持这部经典，甚至以经中的一个四句偈颂，为他人解说，应当知道这人就是已经获得了成就无上正等正觉的授记。"

法供养品第十三

佛陀为天帝等称说《维摩诘经》之功德，指出"诸佛菩提，皆从此生"，若信解受持读诵供养此经，即是以法供养如来。佛陀又自述其为月盖王子时，秉承药王如来法供养之教，因信出家，精进修行，弘扬佛法，度化无数天人。佛陀特别强调法之供养，胜过其他一切供养，于诸供养中是最为重要、至高无上的，所以，应当以法供养，供养十方诸佛。如果能够做到"依于义不依语，依于智不依识，依了义经不依不了义经，依于法不依人"，即是"最上法供养"。

尔时，释提桓因于大众中①，白佛言："世尊！我虽从佛及文殊师利，闻百千经，未曾闻此不可思议、自在神通、决定实相经典。如我解佛所说义趣，若有众生闻此经法，信解、受持、读诵之者，必得是法不疑，何况如说修行！斯人则为闭众恶趣，开诸善门，常为诸佛之所护念，降伏外学，摧灭魔怨，修治菩提，安处道场，履践如来所行之迹。世尊！若有受持、读诵，如说修行者，我当与诸眷属供养给事；所在聚落、城邑、山林、旷野，有是经处，我亦与诸眷属，听受法故，共到其所。其未信者，当令生信；其已信者，当为作护。"

佛言："善哉！善哉！天帝，如汝所说，吾助尔喜。

此经广说过去、未来、现在诸佛，不可思议阿耨多罗三藐三菩提。是故，天帝！若善男子、善女人，受持、读诵、供养是经者，则为供养去、来、今佛。天帝！正使三千大千世界，如来满中，譬如甘蔗、竹苇、稻麻、丛林，若有善男子、善女人，或以一劫②，或减一劫③，恭敬尊重，赞叹供养，奉诸所安，至诸佛灭后，以一一全身舍利④，起七宝塔，纵广一四天下，高至梵天，表刹庄严⑤，以一切华香璎珞，幢幡妓乐，微妙第一，若一劫，若减一劫，而供养之。天帝！于意云何？其人植福宁为多不？”

释提桓因言：“甚多，世尊！彼之福德，若以百千亿劫，说不能尽。”

佛告天帝：“当知是善男子、善女人，闻是不可思议解脱经典，信解，受持，读诵，修行，福多于彼。所以者何？诸佛菩提，皆从此生。菩提之相⑥，不可限量，以是因缘，福不可量。”

注释：

①释提桓因：即帝释天，忉利天之主，居于须弥山顶。

②劫：表时间长度。佛教对“劫”有多种说法。《大智度论》分“劫”为大、中、小三劫，“小劫”指人寿一增（自人寿十岁起，每一百年增一岁，直到人寿为八万四千岁）一减（即从人寿八万四千岁起，每百年减一岁，直至减到人寿十岁）；二十小劫为一“中劫”；四中劫为一“大劫”。

③减：不足，不到，少于。依照经文本意，"减一劫"应该为
"一劫多"，玄奘译为"一劫余"。

④舍利：指身骨。

⑤表刹：柱子或旗杆。玄奘译为"表柱"。

⑥相：相状。《大乘起信论》中说："相大，谓如来藏具足无
量性功德故。"

译文：

这时，天帝释提桓因在与会大众中，对佛陀说道："世尊！
我虽然从佛祖您和文殊菩萨这里听闻过百千部经典，却未曾听
说过如此不可思议、自在神通、究竟表达实相的经典。按照我
对佛祖所说法门的理解，如果有众生听闻此经法，能够信奉、
理解、受持、读诵，那么他们必定能够得到此法真谛，无可置
疑，更不用说按照经中所说去修行了！这样的人就是关闭了通
往众恶趣之门，开启了诸善之门，常常得到诸佛的护持关怀，降
伏一切外道邪说，催灭一切魔障怨敌，修行清净菩提之道，安
然处于菩提道场，践行如来所行之路。世尊！如果有众生能够
受持读诵此经，按照经中所说去修行，我将会和诸眷属一起供
养服侍他们；所有村落、城市、山林、旷野，凡是受持宣讲这部
经典的地方，我也将会和诸眷属，因为听受此法的缘故，一起
到其处所。对于那些还没有信受此经的人，我将令他们生起
信仰之心；对于那些已经信受此经的人，我将会护持他们。"

佛陀说道："好啊！好啊！天帝，正如你所说，我也助益你
的善行。这部经典广泛演说过去、未来、现在诸佛不可思议

之无上正等正觉法门。因此，天帝啊！如果有善男子、善女人受持、读诵、供养这部经典，就是供养过去、未来、现在三世诸佛。天帝啊！即使三千大千世界，如来充满其中，譬如甘蔗、竹苇、稻麻、丛林一般，如果有善男子、善女人，或者以一劫，或者以近于一劫的时间，恭敬尊重，赞叹供养，供奉一切使诸佛安乐的美好资具，等到诸佛入灭以后，为供奉每一位如来的全身舍利，各各建造七宝塔，宝塔纵横广大等于一个四天下，高耸直至梵天，表刹华美庄严，并用一切最为美好的花、香、璎珞、幢幡、妓乐，或者以一劫，或者以近于一劫的时间，来供养诸佛全身舍利。天帝啊！你认为怎么样呢？这样的人种植的福德，算不算多呢？"

天帝释提桓因说道："很多啊，世尊！这人的福德，即使以百千亿劫的时间来陈说，也不能说尽。"

佛陀告诉天帝道："你应当知道，这些善男子、善女人，听闻这部不可思议解脱经典，信奉理解，领受忆持，宣读朗诵，依说修行，那么他们所获得的福德比那些人还要多。为什么呢？因为诸佛菩提，都是从此经义理中产生。菩提的功德不可限量，正因为这样，供养此法所获得的福德也是不可限量的。"

佛告天帝："过去无量阿僧祇劫时，世有佛，号曰药王如来、应供、正遍知、明行足、善逝、世间解、无上士、调御丈夫、天人师、佛、世尊。世界名大庄严，劫名庄严。佛寿二十小劫，其声闻僧三十六亿那由他，菩萨僧有十二亿。天帝！是时有转轮圣王，名曰宝盖，七宝具足，主四天下。王有千子，端正勇健，能伏怨敌。尔时，宝盖与其眷属，供养药王如来，施诸所安，至满五劫。过五劫已，告其千子：'汝等亦当如我，以深心供养于佛。'于是千子受父王命，供养药王如来，复满五劫，一切施安。其王一子，名曰月盖，独坐思惟：宁有供养，殊过此者？以佛神力，空中有天曰：'善男子！法之供养，胜诸供养。'即问："何谓法之供养？"天曰：'汝可往问药王如来，当广为汝说法之供养。'

　　"即时月盖王子，行诣药王如来，稽首佛足，却住一面，白佛言：'世尊！诸供养中，法供养胜。云何名为法之供养？'佛言：'善男子，法供养者，诸佛所说深经，一切世间难信难受，微妙难见，清净无染，非但分别思惟之所能得。菩萨法藏所摄，陀罗尼印印之[①]，至不退转，成就六度，善分别义，顺菩提法，众经之上。入大慈悲，离众魔事，及诸邪见；顺因缘法，无我、无人、无众生、无寿命，空、无相、无作、无起；能令众生坐于道场，而转法轮；诸天、龙神、乾闼婆等[②]，所共叹誉；能令众生入佛法藏，摄诸贤圣一切智慧，说众菩萨所行之道；依于诸法实相之义，明宣无常、苦、空、无我、寂灭之法；能救一切毁禁众生；诸魔外道及贪著者，能使怖畏；诸佛贤圣，所共称叹；背生死苦，示涅槃乐；十方三世，诸佛所说。若闻如是等经，信解、受持、读诵，以方便力，为诸众生分别解说，显示分明，守护法故，是名法之供养。又于诸法如说修行，随顺十二因缘，离诸邪见，得无生忍，决定无我，无有众生，而于因缘果报，无违无诤，离诸我所；依于义，不依语；依于智，不依识；依了义经，不依不了义经；依于法，不依人；随顺法相，无所入，无所归；无明毕竟灭故，诸行亦毕竟灭，乃至生毕竟灭故，老死亦毕竟灭。作如是观，十二因缘，无有尽相③，不复起相，是名最上法之供养。'"

佛告天帝："王子月盖，从药王佛闻如是法，得柔顺忍④，即解宝衣严身之具，以供养佛，白佛言：'世尊！如来灭后，我当行法供养，守护正法，愿以威神加哀建立，令我得降伏魔怨，修菩萨行。'佛知其深心所念，而记之曰：'汝于末后⑤，守护法城。'天帝！时王子月盖，见法清净，闻佛授记，以信出家，修习善法，精进不久，得五神通⑥，具菩萨道，得陀罗尼，无断辩才。于佛灭后，以其所得神通、总持、辩才之力，满十小劫，药王如来所转法轮，随而分布。月盖比丘，以守护法，勤行精进，即于此身，化百万亿人，于阿耨多罗三藐三菩提，立不退转；十四那由他人，深发声闻、辟支佛心；无量众生，得生天上。天帝！时王宝盖，岂异人乎？今现得佛，号宝焰如来。其王千子，即贤劫中千佛是也⑦。从迦罗鸠孙驮为始得佛⑧，最后如来，号曰楼至⑨。月盖比丘，则我身是。如是，天帝！当知此要，以法供养，于诸供养为上为最，第一无比。是故，天帝！当以法之供养，供养于佛。"

注释:

①陀罗尼印印之:总持一切法门的实相印所印证之。陀罗尼,为总持义,即能总摄一切佛法。印,即实相。也就是说,印上实相之印。

②乾闼婆:即乐神,"天龙八部"之一。

③无有尽相:无有相、无尽相。法本不生,今无可灭,叫做"无有尽相"。僧肇说:"灭无可灭,即是无尽义也。"依文中义,并不是指"十二因缘"辗转相生,无有穷尽。

④柔顺忍:菩萨修行阶位。初二三地为信忍,四五六地为顺忍,七八九地为无生忍。

⑤末后:如来涅槃之后,亦可指末法时代,依文义当指前者。奘译为"如来般涅槃后"。

⑥五神通:指天眼通、天耳通、神足通、宿命通、他心通。

⑦贤劫:指现在所处的大劫。过去的大劫叫"庄严劫",未来的大劫叫"星宿劫",贤劫即现在的大劫,因在此贤劫中,有一千尊佛出世,故称为"贤劫",又名"善劫"。

⑧迦罗鸠孙驮:梵语音译,又作"拘留孙"等,乃过去七佛中之第四佛,现在贤劫千佛中之第一佛。

⑨楼至:梵语音译,意译为"爱乐佛"、"啼哭佛",贤劫千佛中之最后一佛。

译文:

佛陀告诉天帝:"在过去无量阿僧祇劫之前,当时世上有位佛祖,号为药王如来、应供、正遍知、明行足、善逝、世间解、无

上士、调御丈夫、天人师、佛、世尊。药王如来的世界名为大
庄严，当时的劫名为庄严。药王如来的寿命为二十小劫，他的声
闻僧众多达三十六亿那由他，菩萨僧众多达十二亿。天帝！那
时有位转轮圣王，名叫宝盖，他七宝具足，统治着四天下。转
轮圣王宝盖有一千位王子，他们都端正勇健，能够降伏魔怨仇
敌。其时，宝盖圣王与其眷属供养药王如来，布施一切使其安
乐的美好资具，时间长达五劫。过了五劫以后，宝盖圣王告诉
他的千位王子：'你们也应当像我一样，以深厚虔诚之心供养佛
祖。'于是，千位王子遵守父王之命，供养药王如来，又满了五
劫，布施一切使其安乐的美好资具。宝盖圣王有一个儿子，名
叫月盖，有一次独坐思考：难道还会有比这种供养更加殊胜的
供养吗？由于佛祖威神之力，空中有天神说道：'善男子啊！法
的供养，胜过其他一切供养。'月盖王子于是问道：'什么叫做
法的供养呢？'天神说道：'你可以去问药王如来，他会为你详
细解说什么叫做法的供养。'

"月盖王子当即前往拜见药王如来，稽首顶礼佛足后，站
在一旁，对佛祖说道：'世尊！在诸供养之中，法供养最为殊胜。
那么，什么叫做法的供养呢？'佛祖说道：'善男子啊！所谓法
供养，就是诸佛所说的义理精深的经典，一切世间众生对此难
以相信难以接受，幽微精妙难以明见，清净无染，并不是世俗
分别思维所能把握的。这些经典为菩萨法藏所含摄，由总持一
切法门的实相印所印证，开示达至不退转法轮，成就六波罗蜜，
善于分别经中精妙义理，随顺菩提觉悟之法，地位居于众经之
上。这精深的佛经能使众生进入大慈大悲之境，远离众魔恶

事和种种邪见；随顺因缘法理，辨析无我、无人、无众生、无寿命之真谛，深契空、无相、无作、无起诸解脱门；能使众生安住于菩提道场之中，而转动大法轮；诸天、龙、乾闼婆等八部众都对其赞叹称誉；能使众生进入佛法宝藏，含摄诸位圣贤的一切智慧，演说众菩萨所行之道；依持诸法实相的真实法义，明确宣扬无常、苦、空、无我、寂灭之真谛；能够拯救一切毁禁犯戒的众生；能够使诸魔、外道及贪恋执着的众生恐怖畏惧；诸佛圣贤都对其称颂赞叹；能够去除一切生死大苦，能够展示一切涅槃大乐；十方三世一切诸佛共同宣说。如果有人听闻这样的经典，能够信奉理解，受持读诵，并以方便力，为诸众生分别解说，清楚开示经中义理，因为守护正法的缘故，所以这就叫做法的供养。另外，如果能够依照经中所说来修行，随顺十二因缘，远离一切邪见，证得无生法忍，了悟到无我、无众生的真谛，而对于因缘果报之理，不违逆，不争议，远离对我、我所的执着；依从于佛法真义，而不依从于语言文字；依从于菩提智慧，而不依从于分别诸识；依从于了义经，而不依从于不了义经；依从于法性，而不依从于人我；随顺诸法实相，悟解诸法毕竟寂灭，无所从来，无所归处；由于无明毕竟寂灭的缘故，其他一切诸行也毕竟寂灭，乃至由于生毕竟寂灭的缘故，老死也毕竟寂灭。能够如此观照，十二因缘，无生无灭，从而不再生起种种妄想执着，这就叫做最上法的供养。'"

佛陀告诉天帝："月盖王子，从药王如来那里听闻了这样的佛法，证得了柔顺忍辱，当即解下身上的宝衣和饰物，来供养药王佛，并对佛祖说道：'世尊！如来入灭之后，我定当奉行法的供养，守护正法，希望世尊您威德神力加被成就，使我能够降伏魔障怨敌，修行菩萨之道。'药王如来知道月盖天子深心所想，便为他授记道：'你将在如来入灭以后，守护佛法之城。'天帝！这时月盖王子，证见法性清净，听闻佛祖授记，于是以虔诚信仰之心出家，修行种种善法，勇猛精进，不久便获得五种神通，具足菩萨道行，获得总持一切智慧的陀罗尼和滔滔不绝的无碍辩才。在药王如来入灭之后，月盖王子以其所获得的神通、总持和辩才之力，整整十小劫的时间，转动药王如来所转动的法轮，佛法随之而广为流布。月盖比丘为护持佛法，勤奋修行，勇猛精进，在一生之中度化百万亿人，使他们住于无上正等正觉，永不退转；度化十四那由他人，使他们深信坚固，发起声闻、辟支佛之道心；度化无量众生，使他们得生天上。天帝啊！那时的转轮圣王宝盖，难道是别人吗？现今他已证得佛果，其号为宝焰如来。宝盖圣王的千位王子，正是贤劫中的千位佛祖啊。从迦罗鸠孙驮为最早证得佛果，到最后一位如来，其号为楼至。而月盖比丘，正是我的前身啊。正如这样，天帝啊！你应当知道此法要，以法来作供养，在一切供养中是最为殊胜的，是至高无上的。因此，天帝啊！你应当以法的供养来供养十方诸佛。"

嘱累品第十四

　　佛陀以此法付嘱弥勒菩萨，令其广为流通传布，利益群生，并演说菩萨二相，令其远离初学菩萨之过失。弥勒菩萨聆听了释迦牟尼佛的教诲后，发誓广宣此经，并以神力加持信奉、受持、读诵此经者，与会的诸菩萨也都发愿广泛传布、弘扬本经，四大天王也都发誓护持本经，最后借释迦牟尼佛之口，点出此经之经名。

　　于是，佛告弥勒菩萨言："弥勒！我今以是无量亿阿僧祇劫所集阿耨多罗三藐三菩提法，付嘱于汝。如是辈经，于佛灭后，末世之中[①]，汝等当以神力，广宣流布于阎浮提，无令断绝。所以者何？未来世中，当有善男子、善女人，及天、龙、鬼、神、乾闼婆、罗刹等[②]，发阿耨多罗三藐三菩提心，乐于大法；若使不闻如是等经，则失善利；如此辈人，闻是等经，必多信乐，发希有心，当以顶受。随诸众生，所应得利，而为广说。

　　"弥勒！当知菩萨有二相。何谓为二？一者，好于杂句文饰之事[③]；二者，不畏深义，如实能入。若好杂句文饰事者，当知是为新学菩萨[④]；若于如是无染无著甚深经典，无有恐畏，能入其中，闻已心净，受持读诵，

231

如说修行，当知是为久修道行。

"弥勒！复有二法，名新学者，不能决定于甚深法。何等为二？一者，所未闻深经，闻之惊怖生疑，不能随顺，毁谤不信，而作是言：'我初不闻，从何所来？'二者，若有护持解说如是深经者，不肯亲近、供养、恭敬，或时于中，说其过恶。有此二法，当知是新学菩萨，为自毁伤，不能于深法中，调伏其心。

"弥勒！复有二法，菩萨虽信解深法，犹自毁伤，而不能得无生法忍。何等为二？一者，轻慢新学菩萨，而不教诲；二者，虽信解深法，而取相分别。是为二法。"

弥勒菩萨闻说是已，白佛言："世尊！未曾有也！如佛所说，我当远离如斯之恶，奉持如来无数阿僧祇劫所集阿耨多罗三藐三菩提法。若未来世，善男子、善女人求大乘者，当令手得如是等经，与其念力⑤，使受持读诵，为他广说。世尊！若后末世，有能受持读诵、为他说者，当知是弥勒神力之所建立。"

佛言："善哉！善哉！弥勒，如汝所说，佛助尔喜。"

于是一切菩萨，合掌白佛："我等亦于如来灭后，十方国土，广宣流布阿耨多罗三藐三菩提法；复当开导诸说法者，令得是经。"

尔时，四天王白佛言："世尊！在在处处，城邑聚落，山林旷野，有是经卷，读诵解说者，我当率诸官属，为听法故，往诣其所，拥护其人；面百由旬，令无伺求得其便者。"

是时，佛告阿难："受持是经，广宣流布！"

阿难言："唯！我已受持要者。世尊！当何名斯经？"

佛言："阿难！是经名为《维摩诘所说》，亦名《不可思议解脱法门》。如是受持！"

佛说是经已，长者维摩诘、文殊师利、舍利弗、阿难等，及诸天、人、阿修罗，一切大众，闻佛所说，皆大欢喜，信受奉行⑥。

注释：

①末世：即末法时代。佛教将佛法住世分为正法、像法、末法三个时代。末法时代为佛法衰微的时代。

②罗刹：恶鬼名。

③杂句文饰：指种种华美词句绮丽修饰。

④新学菩萨：指新学佛道不久的菩萨。

⑤念力：指能破除障碍的专念之力，为"五力"之一。五力，即信力、精进力、念力、定力、慧力。

⑥信受奉行：《藏要》为"作礼而去"。

译文：

于是，佛陀告诉弥勒菩萨道："弥勒！如今我将这无量数劫所集聚的无上正等正觉之大法付嘱给你。这样的经典，在我释迦牟尼佛入灭以后的末法时代，你们应当以神通力，在阎浮提世界广为宣扬流布，不要使它断绝隐灭。为什么呢？在未来的世界中，应当会有善男子、善女人，以及天、龙、鬼、神、乾闼婆、罗刹等，发起无上正等正觉之心，喜乐大乘佛法；如果他们不能听闻到这样的经典，就会失去殊胜善妙的重大利益；如果这些人能够听闻到这样的经典，必定更加虔信喜乐，发起此经难得稀有之心，当会恭敬顶礼信受此经。弥勒！你应当随顺众生所应当获得的利益，而为他们广为宣说。

"弥勒啊！你应当知道，菩萨有两种类型。是哪两种类型呢？第一，喜爱种种华美词句绮丽修饰；第二，不畏惧艰深义理，而能如实悟入佛法真谛。如果喜爱种种华美词句绮丽修饰，你应当知道这是新学佛道不久的菩萨；如果对于这样清净无染、无所执着、极为精深的经典，没有恐惧畏难，能够深入其中，听闻后获得心意清净，受持读诵，依照经中所说修行，你应当知道这是已经长久修习佛道的菩萨。

"弥勒啊！还有两种类型的菩萨，可称为新学菩萨，他们还不能完全领悟义理精深的佛法。是哪两种呢？第一，对于未曾听闻的深邃经典，听闻之后惊惧恐怖，产生疑惑，不能随顺佛法，甚至毁谤不信，而说这样的话：'我从来不曾听闻过这样的经典，它究竟是从哪里来的呢？'第二，如果对于护持解说这样深邃经典的人，不肯亲近、供养、恭敬他们，或者时不时出言毁谤。如果有这两种类型的情况，你应当知道，这样的新学菩萨，是在自己毁伤自己，不能在精深佛法中调伏自心。

"弥勒啊！还有两种类型的菩萨，这些菩萨虽然已经信受悟解了精深的佛法，却仍然自我毁伤，因而不能证得无生法忍。
是哪两种呢？第一，轻蔑新学菩萨，而且不肯教诲他们；第二，
虽然已经信受悟解了精深的佛法，却执取世间诸相，心生种种
分别。这是另外两种类型的菩萨。"

弥勒菩萨聆听了佛陀所说的这番话以后，就对佛陀说道：
"世尊！这真是我从来未曾听闻过的说法啊！正如佛祖您所说
的，我定当远离这样的过失，奉持如来无量数劫所集聚的无上
正等正觉之大法。如果在未来的世界中，有善男子、善女人求
学大乘佛法，我定当让他们手中都获得这样的经典，赋予他们
忆持念诵之力，使他们能够受持读诵，为他人广为宣说。世尊！
如果在佛灭后的末法时代，如果有人能够受持读诵，为他人宣
说这部经典，应当知道这都是我弥勒菩萨神通威力所主持加
护的。"

佛陀说道："好啊！好啊！弥勒，正如你所说，我也助益你
的善行。"

于是，一切菩萨都双手合掌，对佛陀说道："我们也在如
来入灭之后，在十方世界一切国土之中，广为宣扬流布无上正
等正觉之大法；并开导诸位演说佛法者，使他们获得这样的
经典。"

其时，四天王向佛陀说道："世尊！任何地方，城市村落，山
林旷野，只要读诵解说这经典的人，我定当率领官署，为了听法
的缘故，往到其居所，护持读诵解说经典之人；在方圆二千里
之内，不让一切图谋不轨者有机可乘。"

这时，佛陀对阿难说道："你也应该受持这部经典，广为宣

扬流布。"

阿难答道:"是! 我已经受持了这部经典的精要。世尊! 这部经典应当叫什么名字呢?"

佛陀说道:"阿难! 这部经典名为《维摩诘所说经》, 又名《不可思议解脱法门经》。这样领受护持吧!"

佛陀说完此经之后, 长者维摩诘、文殊菩萨、舍利弗、阿难等, 以及诸天、人、阿修罗, 一切大众, 聆听了佛陀的教诲之后, 皆大欢喜, 信受奉行。

附录一：

注维摩诘经序

僧肇

《维摩诘不思议经》者，盖是穷微尽化绝妙之称也。其旨渊玄，非言象所测；道越三空，非二乘所议；超群数之表，绝有心之境；眇莽无为而无不为，罔知所以然而能然者，不思议也。何则？夫圣智无知而万品俱照，法身无象而殊形并应，至韵无言而玄籍弥布，冥权无谋而动与事会。故能统济群方，开物成务，利见天下，于我无为，而惑者睹感照因谓之智，观应形则谓之身，觌玄籍便谓之言①，见变动而谓之权。夫道之极者，岂可以形言权智而语其神域哉！然群生长寝，非言莫晓；道不孤运，弘之由人。是以如来命文殊于异方，召维摩于他土，爰集毗耶，共弘斯道。此经所明，统万行则以权智为主，树德本则以六度为根，济蒙惑则以慈悲为首，语宗极则以不二为门；凡此众说，皆不思议之本也。至若借座灯王，请饭香土，手接大千，室包乾象，不思议之迹也。然幽关难启，圣应不同；非本无以垂迹，非迹无以显本；本迹虽殊，而不思议一也；故命侍者标以为名焉。大秦天王，俊神超世，玄心独悟，弘至治于万机之上，扬道化于千载之下，每寻玩兹典②，以为栖神之宅；而恨支竺所出，理滞于文，常恐玄宗坠于译人。北天之运，运通有在也。以弘始八年③，岁次鹑火④，命大将军常山公、右将军安成侯与义学沙门千二百人⑤，于长安大寺，请罗什法师重译正本。什以高世之量，冥心真境；既尽环中，又善方言。时手执梵文，口自宣译；道俗虔虔，一言三复；陶冶精求，务存圣意；其文约而诣，其旨婉而彰；微远之言，于兹显然矣。余以暗短，时预听次；虽思乏参玄，然粗得文意；辄顺所闻，为之注解；略记成言，述而无作；庶将来君子，异世同闻焉。

注释：

①觌（dí）：看见。

②寻玩：推求玩味。

③弘始八年：公元406年。

④岁次：年份。鹑火：古代十二岁星之一。

⑤大将军常山公：姚显，后秦皇帝姚兴的弟弟。右将军安成侯：姚嵩，姚兴的弟弟。

附录二：

维摩诘所说经品目

欧阳竟无

　　《佛国品》第一，《方便品》第二，《弟子品》第三，《菩萨品》第四，《问疾品》第五，《不思议品》第六，《观众生品》第七，《佛道品》第八，《入不二法门品》第九，《香积佛品》第十，《菩萨行品》第十一，《见阿閦佛品》第十二，《法供养品》第十三，《嘱累品》第十四。

　　《维摩诘经》者，乃正法之常轨，大道之通途，世所称常识是也。于此能娴，可以共学，此犹不达，凡小盲魔，终古无见天日之期，亦大可哀也已。读是经者，应先判文，次后抉义。

　　最初序分为《佛国品》第一，最后流通为《法供养品》第十三、《嘱累品》第十四，是三易明，今且勿论，论正宗分。

　　正宗十一品，境居其九，行果各一。境居其九者，菩萨以自他利为境，而先利他，其能利者，方便是也。密谈方便而总叙，为《方便品》第二。密谈方便而别

239

叙，叙其昔之化小，为《弟子品》第三；叙其昔之化大，为《菩萨品》第四；叙其今之普化，为《问疾品》第五。显示方便，俾得亲证而易趣入，为《不思议品》第六。其所利者，众生是也，为《观众生品》第七。菩萨利他，亦以自利，以俗谛事自利，为《佛道品》第八；以真谛理自利，为《入不二法门品》第九。别利叙已，继以总谈，为《香积佛品》第十。行果各一者，行为《菩萨行品》第十一，果为《见阿閦佛品》第十二。

其文如是，其事则文殊问疾，维摩显通。须弥得座，演不思议法门；香国得食，作无文字佛事；大士闻尽无尽法以去，维摩取妙喜世界以来；自始至终，无非现通；是故《维摩诘经》又名《不可思议解脱法门经》也。夫游于方之内者，数十寒暑，数十品类，千年历史，万里区宇，转展相律，不出其域，维彼觉人，超量过量，出乎其方，是故世出世间，一切离异，不可以世规出世，不可求出世于世，是则欲知法义先求常识者，舍《维摩诘经》何由哉？

《维摩经》义，姑以十谈。一者，神通义。本自无封，乌得有通？惟世间有封之实，斯菩萨有通之名，盖惟示以本然之义，救其不自然之封而已。封者，小不可容大，而维摩丈室容三万二千师子座，谓之为通。封者，坚不可入坚，而妙喜国土接入娑婆世界，谓之为通。封者，男不可女，女不可男，而舍利弗作天女形，天女象易舍利弗身,谓之为通。封者,天枢地维不可移易,而解脱人断取佛刹如陶家轮,谓之为通。虽今时地球星球之说但自绕动,且非赤手断取,而犹以为诞也。故夫封者,不可以理喻,征之以通,然后乃信。然无通也,一切有为,梦幻泡影。梦本无稽,幻原不碍,泡唯是假,影自重重。世界虚妄,但有名言,都无实事。知其无实事,云何有封?又焉往而不通哉?是故学佛,应知宇宙人生,无非幻化,法无定相,无不皆通。

二者,究竟义。经言:方便为究竟。《法华·方便品》:开示悟入佛之知见,为一切智智。此经《方便品》:厌离色身,求乐法身,从无量功德而生。无量功德即一切智智。以三身言,应是报、化,而言法身从功德生,何耶?法身是体,报、化是用,即用以显体,就能显而谈所显故也。诸佛得果,曰二转依,从无漏种起一切有为,而生四智,曰菩提所生得。清净法界,一切功德所依,佛、众共有而寂灭无为,要须菩提然后乃显,曰涅槃所显得。合能显所显,言四涅槃:自性涅槃是体所显,其三涅槃是用能显;有余、无余曰彼果断,以解脱用而显体也,《般若》所诠:我皆令入无余涅槃而灭度之,是也;无住涅槃曰彼果智,以功德用而显体也,《瑜伽》所诠:转依成满,入大涅槃,是也。凡此断智二用,皆为显现自性清净之体而发也。无用谈体,是为凌驾自欺;无体谈用,不堕于焦芽败类,即堕于苍莽无归也。《大涅槃经》：一切众生皆有佛性，要藉修习，然后乃见。是故众生虽有法身，要藉有为发生四智，然后乃显；是故经言法身从无量功德所生也，即能显而谈所显故也。是故学佛，应先发阿耨多罗三藐三菩提心，六度万行，成等正觉，而得涅槃。

三者，平等义。佛为增上慢人，说离淫怒痴为解脱耳；若无增上慢者，佛说淫怒痴即是解脱，此以不增谈平等也。菩萨观法，不见有法非菩提因，烦恼幻化，无处隐藏，无有聚集，法无二性，如烦恼性即菩提性，此以不二谈平等也。又复诸法但有名字，无决定性，有二比丘犯律疑悔，阿阇世王大逆恐怖，为说真相都已拔除，此以不定谈平等也。物性平等，法尔本然，对治但遏流，平等乃清源也。得是平等，纵横自在，入不思议法门。不知平等，我见须弥，长夜沦迷，无有出期。尘沙翳目②，玉屑障视，等无有异。是故学佛，应知诸法差别，本无所有，遍一切一味。

四者，圆满义。诸佛依二谛，为众生说法，般若真实义，瑜伽方便道，如车具两轮。所谓因缘法，即空即假名，分别中有空，空中有分别，是则契中道也。此经三十二通达佛道以说俗，而如来种为污下所生；三十一不二法门以说真，而无表无示遂尔默然。此经演一切法，先破后陈：先破以诠真，后陈以诠俗；先破来相见相，而后陈其问疾辨论；先破床座，而后陈其须弥灯王八万四千由旬师子之座；先破杂食，而后陈其香积法食；先破没生，而后陈其妙喜之没、堪忍之生。此经演尽无尽法，不住无为契世俗谛，不尽有为契第一义谛，此其所谓圆满中道义也。是故学佛，应以龙树、无着，并为一谈；争相争空，为不解事。

五者，大悲为人义。菩萨观于众生，如幻如化，如空中鸟迹，而众生自不谓然，执是实有，菩萨因此而起大悲。大悲切至，譬如一子，子病母病；如是众生有病，菩萨亦病。作大医王，多方疗治，于是有为人之学，建立以为大乘。生心动念，举足下足，皆是众生；六度三学，四梵五明，皆为众生；毫发善根，回向实际，回向菩提，而皆回向众生。众生有苦，我代其受；众生有亏，我给其求。为众生故，十王大业，入生死海；为众生故，示行烦恼，长劫阐提；为众生故，游于十方，随机度化。若问菩提，久稽一切智智；若谈解脱，发趣大般涅槃；此岂悲心微薄，但自清净之所乐为者哉？大悲所激奋者然也，故曰大悲为根本也。然佛世尊是菩萨成，非声闻得。是故学佛，须观沧海，莫贪牛迹；应图烈日，勿务萤光。

六者，破执义。对破，坏破，双征破，实事破。何谓对破？在家发心，即是出家；观罪性空，即是奉律；道法而现凡夫事，即是宴坐；离缘舍见，即是智慧。又复阴无所起，即是苦；究竟无有，即是空；于我无我不二，即是无我；本无所灭，即是寂灭。何谓坏破？以五逆相解脱，堕六师所堕，同惑离净，谤毁三宝，不到彼岸，终不灭度。何谓双征破？受记为过去耶？未来耶？现在耶？为如生耶？为如灭耶？天眼所见，为作相耶？无作相耶？何谓实事破？华著比丘身，移比丘以女身，施比丘以魔女。惟执之者凭空胶固，遂破之者险诞离奇，纯任精神，羌无迹象。若能不惊、不怖、不畏，而执破矣！世有众生，然后有佛；众生有执，然后有法；岸到筏销，执破法舍，直下本来，有何事哉！是故学佛，须知有八万四千烦恼，乃有八万四千法门，释迦四十九年，何尝说于一字？

七者，苦切义。有苦切之言，有苦切之事。云何苦切之言？猿猴跳梁，种种制御，然后驯习，象马㤞悢，楚毒彻骨，然后调伏；刚强难化众生，苦切之言，然后入律。是故教言，是三涂八难，是十恶六蔽，是碍无碍、罪无罪、漏无漏，如是种种等。云何苦切之事？难行苦行，须过量精神，然此精神，非安平有，而逼迫有。不可思议解脱菩萨，或作雪山夜叉，为说半偈，须食热血，逼而出之，令行坚固；或作乞者，从乞头目髓脑、妻子城邑，逼而出之，令行坚固。盖四摄之爱语同事，先以欲钩牵也。此经之苦切语、苦切事者，后置之于道也。是故学佛，须知是大丈夫事，非爱人以姑息，不谓菩萨行非人情。

八者，佛事无定义。此方教体，文字语言；他方佛刹，则不尽然。或以光明；或以化人；或以菩提树；或以佛衣服卧具、园林台观、及以佛身相好、虚空而作佛事；又或以梦幻影响、镜像水月而作佛事；又或以净土寂净，无说无示、无作无为而作佛事。而于此方教外别传，亦复拈华竖指，瞬目扬眉，顾鉴而咦，正不独维摩香饭为非常可怪事、惟一仅有之佛事也。诸佛威仪，无非佛事，即八万四千烦恼，佛亦以此而作佛事。是故学佛，须是直探龙骊③，触处皆能悟入。

九者，游诸佛刹义。维摩从妙喜没而来生此，文殊游于无量阿僧祇国。盖是大士事佛，意生化身，来往自如，与轮回异。若夫维摩入定，令所化人自识宿命，殖众德本，即时豁然，还得本心，则是分段生死，丧其忆力，入轮回趣。夫命终蜕脱，依一微尘，为中有身，缘至入胎，独入不迷，是生天趣；入住不迷，声闻生世；惟夫大乘，入住出三，毕竟朗然；惟夫凡夫，入住出三，毕竟迷闷。昧其实历之本事，而凭臆妄之推测，拨无三世充塞仁义，至可哀已！夫业取习气，异熟相续，理至切也；习气所嗜，各从其类，势至顺也。吉乘人天，凶入三涂；残忍自虎，盗窃化鼠；乖气所兆，人死为羊，和气发生，羊死为人；皆其自嗜，又何怪哉？是故学佛，不可有常见，不可有断见，充人之量，穷天地，亘万古，未有其极，而以数十寒暑自拘哉？！

十者，居士说法义。诸佛立法，视机深浅，初无一定。有以菩萨为僧，有以声闻为僧，有以菩萨、声闻杂而为僧。释迦于此土以声闻为僧，文殊、弥勒入声闻僧中次第而坐。而于一灯明国，但有菩萨僧，无声闻僧。若夫说法，则夜叉、罗刹，且得敷坐，授一四句偈。末世无知，乃倡謷言④：居士非僧类，无师范，不可说法。遂使大道唯属声闻，佛广流通而故缩塞，岂不悲哉！《维摩诘所说经》，与佛说某经某经，名称一致，但理不诬，世尊佛弟子等，四众等，有何别哉？是故学佛，要会其通，不可僻执，局于形迹。

上来十义，略谈常识，昧兹常识，或为无慧，恇罔迷盲⑤，倾倒神秘，不通一隙；或为邪慧，宇宙人生，世见陷阱，正见不生。长夜漫漫，何时旦歘？若能熟读此经，常识自足，而后深入诸门，读《大般若经》入般若门，读《华严经》入普贤门，读《楞伽》、《深密》诸经入瑜伽门，读《大涅槃经》入涅槃门，然后融会贯通，知释迦一代大乘之教。

（选自《藏要》第二辑）

注释：

①俾（bǐ）：使。

②翳（yì）：遮蔽。

③龙骊（lí）：黑色的龙，颔下有宝珠。

④謷（wèi）：虚伪，欺诈。

⑤恇（kuāng）：惊惧。

主要参考书目

《维摩诘经》，吴支谦译，《大正藏》第十四册。

《说无垢称经》，唐玄奘译，《大正藏》第十四册。

《注维摩诘经》，后秦僧肇撰，《大正藏》第三十八册。

《维摩义记》，隋慧远撰，《大正藏》第三十八册。

《维摩经玄疏》，隋智颛撰，《大正藏》第三十八册。

《维摩经略疏》，隋智颛撰，《大正藏》第三十八册。

《净名玄论》，隋吉藏撰，《大正藏》第三十八册。

《维摩经义疏》，隋吉藏撰，《大正藏》第三十八册。

《说无垢称经疏》，唐窥基撰，《大正藏》第三十八册。

《藏要》（第五册），欧阳竟无编，上海书店出版社，一九九一年版。

《佛光大辞典》，慈怡主编，佛光出版社，一九八八年版。

《佛学大辞典》，丁福保编纂，文物出版社，一九八四年版。

《佛教大辞典》，任继愈主编，江苏古籍出版社，二〇〇二年版。

《维摩诘经今译》，陈慧剑译注，东大图书股份有限公司，一九九〇年版。

《维摩诘经今译》，幼存、道生注译，中国社会科学出版社，一九九四年版。

《维摩诘经》，赖永海释译，佛光山宗务委员会，一九九七年版。

《维摩诘经新译》，陈引驰、林晓光译注，三民书局，二〇〇五年版。

《梵汉对勘维摩诘所说经》，黄宝生译注，中国社会科学出版社，二〇一一年版。

《汉魏两晋南北朝佛教史》，汤用彤著，中华书局，一九八三年版。

《中国佛教史》（第一卷），任继愈主编，中国社会科学出版社，一九八一年版。

《中国佛学源流略讲》，吕澂著，中华书局，一九七九年版。

《汉译佛教经典哲学》，杜继文著，江苏人民出版社，二〇〇八年版。